獨處七日

找回被剝奪的心靈資源，全新思考、理解自己、靠近他人

麥克·哈里斯 Michael Harris 著

朱明曄 譯

獻給

大衛・安德森（David Anderson）和

肯尼・帕克（Kenny Park）

目錄

第三部——你覺得你是誰

第四部——了解他人

另一種孤獨是藝術的。

——艾蜜莉・狄金森（Emily Dickinson）

前言
孕育在黑暗裡的魔力

醫生伊迪絲・伯恩（Edith Bone）決定不哭。

一九五六年秋季的這個午後，她持續了七年的單獨監禁突然終止。監獄大門的外頭，匈牙利革命最後的寥寥幾陣槍聲在街道上回響。監獄大門裡，伯恩醫生從正門來到院子裡，對於被禁錮已久的她而言，院裡的陽光令她極不適應。她六十八歲了，個子矮胖，關節腫脹。她從監獄大門邁出，明亮的天空令她無法直視。隨後，她看到一群人在等她。這群西裝革履、翹首以盼的人。他們都在等著看她哭泣。

閃亮的巴士駛來時，攝影師們抬起了圓筒狀的鏡頭，記者們拿起活頁筆記本。這輛巴士是來接伯恩醫生並將她送去英國大使館的。這群新聞從業者在搜尋七年的獨處在她身上留下的印記。這樣的獨處在她臉上、在她耷拉的眼皮上會留下怎樣的疤痕？正常人恐怕會陷入瘋狂和嚴重的憂鬱吧。但當伯恩醫生緩緩地穿過院子，走向大鐵門時，她看起來沒有一絲恍惚。要說她有什麼不同的話，那就是，她現在看起來充滿希望。官員和記者目瞪口呆。一位來自英國《每日快報》（*Daily Express*）的男士在他的筆記本上草草記錄著，竭盡全力誇大報導，說她走路一瘸一拐的。一星期後，這名記者十分窘迫地得知，當時伯恩醫生只是因為穿了一雙不合腳的鞋。

伯恩醫生於一八八九年出生在布達佩斯，她在眾人眼裡是一個聰慧的孩子——雖說有一點叛逆。她希望長大後成為一名律師，像她父親那樣，但當時律師這個行業是不允許女性參與的。她能選擇的職業只有老師或醫生，於是她選擇了後者。帶著她曾祖父的聽診器和象牙把手的埃斯庫拉庇烏斯[1]手杖，她於一九〇八年秋季進入布達佩斯大學醫學院就讀。畢業後不久，第一次世界大戰爆發，於是她進入了一所軍事醫院。可能就在那裡，在目睹了底層民眾經受的煎熬後，她對共產主義的同情更加高漲了：她看到一位不識字的羅馬尼亞軍人——這名軍人在戰前是個牧羊人——對著窗戶哭泣了好幾天，輕輕抱著一隻骨頭斷裂的手臂，心裡惦念著他失蹤的孩子們。他只是眾多肝腸寸斷的人中

---

1 編注：埃斯庫拉庇烏斯（Aesculapius），是羅馬神話中的醫神。

的一個。

戰後，伯恩醫生投入英國的政黨工作整整十六年，也正是由於這層海外關係，她於一九四九年回到共產黨管理的布達佩斯時，引起了當局懷疑。

伯恩醫生在返回英國的途中，遭祕密警察組織於機場攔截。他們將她推入汽車，載著她經過總部的鐵皮大門。

「我們串通得夠好吧？」司機打趣說，「沒人知道妳在哪裡。」

確實，她在英國的朋友們以為她還待在匈牙利，而她在匈牙利的朋友們以為她早已出發前往英國了。伯恩醫生就這麼消失了。

總部大樓內，一個穿戴光鮮的瘦削男子慢條斯理地出現了。他將伯恩醫生帶到一間小型會客室，告訴她，他們已經知道她是間諜，知道她是英國祕密情報局的幹員。

「妳離開這棟樓的可能性渺茫，除非妳告訴我們他們分配什麼任務給妳。」

伯恩醫生回答：「如果是這樣的話，我想我會在這裡關到死吧，我不是情報局的特務。」

隨後那人告訴她：「妳被逮捕，代表妳就是有罪，黨可不會抓無辜的老百姓。」

警衛押她進了地下室，來到一間狹小的牢房，牢房面積僅比房內的鐵床大一點。她伸手一夠，就觸到天花板了。伯恩醫生躺在床上，平靜得瞬間入了夢境。不久，她被一陣突如其來的涼意驚醒。

「別害怕，呵呵。」一名警衛嘲笑她。

「我沒有害怕。」伯恩醫生回答。

接踵而至的經歷——她七年又五十九天的單獨監禁——是恐怖片裡才會出現的。她被關在骯髒陰冷的牢籠中；牆壁上不是滴著水，就是長著毛茸茸的菌菇。大多數時候，她是半餓著肚子的。除了見獄警的時候，她總是一個人待著。二十三位嚴厲的軍官用挑釁與諷刺的語言訊問她——有一次訊問竟長達六十個小時。有一段時間，整整六個月，她被關在伸手不見五指的牢房裡。

儘管這樣，關押她的人還是沒有得到絲毫偽供、半點求饒；他們所獲的唯一犒賞是她高傲的回覆。久而久之，這成了伯恩醫生的一種消遣，能讓她在偶爾瞧見他們時，去叮咬監獄的權威。

她想找個剃頭師傅為她剃頭髮。監獄看守人跟她說，女人必須留長髮。於是她花了三周時間把頭髮一根根地拔下，直到長出她滿意的小平頭。一九五一年夏天，她又發起了一場語言抗議，拒說匈牙利語（「他們蠻夷的語言」，她是這麼形容匈牙利語的）。

她改用德語、法語、俄語、英語或義大利語交流——這五種語言，她都精通。

但伯恩醫生最精妙的策略還不是戲弄獄卒——她是個幫自己推鞦韆的人。她如藤蔓抓地般把持著自己的理智。理智是外界施壓下的中空狀物質，從那裡，她緩緩地、堅定地為自己築建了一個內心世界，任何人都無法摧毀或從她那裡奪走它。她背誦入門階段的詩歌，將背得滾瓜爛熟的詩句翻譯成她熟知的六種語言。接著，她開始創作打油詩。其中一首是她在那段暗無天日的六個月中寫下的，感激她心靈「那根生於黑暗的魔杖」的拯救之恩。

伯恩醫生想起了列夫・托爾斯泰（Tolstoy）的短篇小說中的一個囚徒，並受此啟發，想象自己走在所有去過的城市道路上：她在巴黎、羅馬、佛羅倫斯和米蘭的街道上漫步。她沉醉於柏林蒂爾加滕（Tiergarten）和維也納莫扎特故居的風景中。之後，當她的雙腳在床邊的水泥地上畫出一道窄溝時，她會默默想著這是一條往倫敦的路。她每天都會走上幾英里，並在腦海裡畫上一個暫時離開的記號。她用這樣的方式去倫敦四次，每次都在到達英吉利海峽時停下，似乎海峽的水太冷了，她游不過去。

然而，測算這些距離太不精確了，於是伯恩醫生認為她得有個算盤。獄卒給她掃把清掃牢房時，她偷偷地從中拔下幾根麥稈，還將走味的麵包顆粒揉成珠子，穿在麥稈上。這樣，她就可以如計算恆河沙數般計算了。她還用這把「算盤」測量了自己的詞彙量，發現自己掌握了兩萬七千三百六十九個英文單詞。緊接著，她又計算了她的德語和法語詞彙量。接著，她又問自己可以說出多少種鳥的名字（雖然她可能從未見過這些鳥）、多少種樹的名字（雖然她可能從未見過這些樹）以及多少種紅酒的名字（雖然她可能再也沒有機會品嘗這些酒）。

她把更多的麵包屑揉成字母，一共揉了四千個，把它們放在二十六個同樣用麵包精心製作的凹槽中；這是她用小麥做成的印刷機。她用這台「印刷機」拼出她的思想和詩歌。獄卒們瞄了她一眼，皺了皺眉頭說：「妳瘋了。」伯恩醫生表示同意。

因為消化功能變弱，她分到了一些藥丸。她發現藥丸帶有一絲綠色，於是就用這抹綠色染她的麵包屑。就這樣，聖誕節時，她做了一些綠色的「小冬青枝」。但冬青枝上猩紅的梅子呢？於是，她又用自己的血液去染麵包屑。

警衛們火了，但伯恩醫生證明自己精通獨處的藝術。他們將她與世隔絕，而她正好可以踐行這門藝術，取平靜捨瘋狂，取安慰捨絕望，取獨處之樂捨囚禁之苦。想摧毀她就太天真了，走出獄門的伯恩醫生（用她自己的話說）「比以前智慧些了，並且充滿了希望」。

有一天，我偶然讀到一本書，這本書在不經意間提及了伯恩醫生（只有一兩行字）。我不敢相信知道她故事的人這麼少，於是決定多瞭解她一些。最終，我在加拿大約克大學的稀有藏書中翻到了她的自傳《七年孤獨》（*Seven Years Solitary*, 1957）（這本書於一九五七年出版，也就是她出獄後的一年），我意識到了她的故事多麼震撼人心。她七步成詩，寫作時推心置腹，我彷彿能聽見她的聲音——堅毅中摻雜著揶揄，透露出一個青年在匈牙利度過青春歲月，而匈牙利後來又對她那麼殘忍。我越熟悉她對待單獨監禁的態度——她忍受孤獨的能力深不見底——就越感到一股妒意在我內心蔓延開來。我當然不是忌妒她的境遇，而是忌妒她的才能。我很好奇，在我的世界裡，是否有一部分能激發像她那樣的精神境界；又或者，我是否總能逃離自我的牢獄——對伯恩醫生來說，那是無法得到的一種奢侈品。

甚至，我獨自一人花上幾小時的時間閱讀她的故事，這點獨處的時間對我而言也是那麼難以忍受。我不斷抬頭張望，希望隔壁房間輕聲細語的圖書管理員能打斷我，希望一個願意社交的學者能在我工作的桌子旁坐下。我一把自己和可敬可畏的伯恩醫生比較，就如坐針氈，自愧不如。

最終，我讀完了她的故事，猛地合上書，恍惚走到炙熱的午後白晝下，但不安並沒有像我原本想的那樣消散。我穿梭在學生堆裡，推擠著走進擁擠的咖啡廳，出了咖啡廳，又擠上一輛載滿人的公車，但問題繼續在我腦中來來回回。我想為自己多留一點獨處時間，但一旦一個人時，又總備感沮喪。這個問題值得我去解決。更重要的是，伯恩醫生卓越的存在模式值得我們這個緊密相連的世界借鑒。

如何獨處？又為何獨處？

這裡面一定有訣竅，我是這麼想的。一種踐行，抑或是一種修煉，將寂寞變為主動獨居，將空曠的日子變成空白的畫布。那一定是某種失傳的藝術，像優雅的書法，或是在婚禮上戴上領結時的自信。這是一種失傳的小小藝術，年復一年，在未來刺眼的白光中褪色。

我所知的治療方案只有一種，那便是，將自己作為自己人生的中心，這並非指自私或排他，而是指一個人憑借一種無懈可擊的寧靜，去裝飾自己的內心世界，讓這個世界變得富足，使自己身處其中，備感愜意。任何想要前來和逗留的人都會受到熱情的歡迎，但當一個人不可避免只身一人時，也會同樣感到快樂。

——美國作家　伊迪絲・華頓（Edith Wharton）

第一部

THE USES OF SOLITUDE

獨處的用途

1 此刻不再迷失

無論我在寫什麼，我的伴侶肯尼總是一副漫不經心的樣子。（說他「漫不經心」是因為他夠聰明，不會在餐桌上激勵一個作家。）但當我告訴他伯恩醫生的故事，並說我想寫點有關獨處的文字時，他放下手中的啤酒，看著我說：「你嘗過獨處的滋味嗎？怎麼說好呢，你獨處過一天以上嗎？我是指真正的獨處。」

他剛說完，我也放下了我的啤酒杯。我皺了皺眉頭，凝神望著前方。「一定有過……」當然，我並沒有，沒有真正意義上嘗過獨處的滋味。他令人煩躁但卻有其道理地暗示我：我可能想要體驗一番。

我反覆咀嚼這段對話，但無法忽視我已被挑釁了這個事實。我瞇起了眼睛。剛好肯尼接下來的一週不在家，我默默發誓，我會用一整天的時間體驗獨處——不與人交流，也不與他們的社交軟體顯圖聊天。

但當這天到來時，我於早晨九點收到了一則訊息，就像遵守巴夫洛夫定律（Pavlovian law）[1]一樣，我查看了它。原來是一群朋友來訪，邀我到公園喝上一杯。

不妙！我作弊了。隨後我一次又一次地作弊。我去了一次咖啡館。我接了我媽打給我的一通電話。我外出慢跑，停下來跟一隻小狗玩。到晚上睡覺時，我數了一下，自己一共與人交流了十幾次。我甚至無法獨處一天。

我可能偶爾會將電話留在家裡，來稍稍克制我的資訊成癮。但完全擺脫社會需求會怎樣呢？我勉強記得自己有過這樣的經歷——在孩提時代，我會帶著寶麗來相機在森林裡散步，會整整好幾個小時忘記其他人的存在。

我變了——只是長大了些，我就像鑽進了將成年人一個個捆綁在一起的鐵絲網裡。有一天醒來時，我發現那些空白早已被忐忑不安所填滿。我擔心起朋友孩子的成長情況，擔心起遠房親戚們是否快樂，擔心起經濟拮据的同伴是否安全，以及更為自私地擔心起我個人的名譽（我粗糙的「品牌」）——一句殘忍的網路留言，或一句含沙射影的閒談，都會隨時將它挫傷。簡而言之，我已「落網」。

還有，可能改變的是這個世界吧。可能它已不再像以前一樣允許人們獨處。又或者，更貼切地說，兩股力量在融合——我自身在不停地成長，而這個世界也一直在自縛手腳。裡裡外外都變了，於是在社會焦慮的紛雜中，我每天清晨醒來都會想：「我錯過了什麼？」我每天上床前都會想：「我說過什麼？」

人間塵囂，那無休止的聯繫，反倒引起了我對獨處的飢渴。實則，我發現自己已如此飢渴了很多年，但這份飢渴如今開始驅動我了。幾頁書紙——和伯恩醫生這樣的英雄——將這種飢渴轉變成一種使命。我想再次與靜寂的夜晚相處，再次體驗那些我曾有過的無辜的白日夢，再次擁抱我所逃避的真誠自我（我逃離自我多久了？）。我不斷地問自己：我為何如此懼怕我那個安靜的同伴？這本書最接近我心中的答案。

我要澄清一點：你接下來看到的可不是我對梭羅式林間茅舍的期盼。我不想逃離世界——我想在這個世界重新找到自我。我想知道，假如我們再次在夜以繼日的喧鬧中、在車水馬龍的街道上維持獨處的劑量，會發生什麼。

這可不是件容易的事。我向外邁開一步，執念於一次獨處的漫遊，也強迫自己去觀察他人的社交生活。一對少年情侶在岔道旁纏綿細語，在晨曦中揮手作別；離他們倆不遠的草坪上，一位母親正在和她笑顏永駐的嬰孩玩躲貓貓；一位猶太教教士邊打電話，邊坐上他的奧迪；一名女子從一輛咖啡販賣車的窗戶裡探出身子，將一杯瑪琪朵咖啡遞給她的顧客，嘴裡歡快地唸著：「漂亮的女士值得一杯好咖啡。」在世界各地，在每個角落，我們將一份友誼獻給彼此。著實，正是憑借這些柔軟、持久的給予，我們的文化、我們身為人的物種，才得以生存。

我們已確知，要以群居的型態生活，動物的大腦——尤其是大腦新皮質——就必須十分發達。事實上，靈長類動物的社會複雜性之一切標誌——物種群的大小、為同伴理毛的派系、交配戰術、騙術、社會娛樂——與該靈長類動物大腦新皮質體積的相對大小密切相關。大腦新皮質體積越大，該靈長類動物就越擅長社交；它們越擅長社交，物種群規模就越大，物種群內部也越不容易出現暴動和搗亂行為。

此處有數據為證。人類學家羅賓・鄧巴（Robin Dunbar）在一九九〇年代發展「社交大腦」理論時，發現類人猿大腦新皮質體積的相對大小與它們種群之後發展規模的大小直接相關。例如，夜猴和絹毛猴有著與它們大腦尺寸相適應的較小的大腦新皮質，它們成群外出時數量少於十隻；黑猩猩和狒狒有著相對較大的大腦新皮質，它們的種群成員一般有五十隻左右。縱觀我們的歷史，絕大部分時間，人類的社交圈都約有一百五十個人——我們同樣也（毫無懸念地）有著靈長類動物中最大比例的大腦新皮質。鄧巴的結論是，我們的大腦或許真的幫助我們學會了使用工具，但它真正的優勢在於，我們借此得以擴大社群規模。更多的同伴帶來更高的安全感，更有力量，傳承智慧的可能性越大，最終，你活下去的可能性也會更大。

鄧巴還發現，靈長類動物的社群越大，社群成員花在社交性理毛上的時間就越多。所有的愛戀、沮喪和挑釁都需要動物們一直去監視和控制。在一大群靈長類動物中生存可是項繁複的工作。根據社群成員的多少，靈長類動物最多會花一天內百分之二十的時間為彼此理毛。[2] 有鑒於我們龐大的社會部落，現在的人類本應是被迫每天花上一大段時間為他人「理毛」，這個事實讓鄧巴很吃驚。那我們如何規避鄧巴發現的法則呢？我們又該如何在讓自身社交種群擴大的同時，不至於無奈地將所有的時間用於為彼此的毛髮抓取所謂的蝨子？

答案就是，十萬年前語言的出現。為了替朋友或敵人抓蝨子，沒有語言的靈長類動物必須將手放在對方身上。事實上，一個能說話，不只是會發聲，而是能說出複雜的社會意見的靈長類動物，可以同時為好幾名社會部落成員「理毛」。這可是技能上的一大飛躍。並且，一隻會講話的猿猴可不會傻傻地蹲在草叢裡替別的猴子「理毛」；它會邊外出散步或尋找野果，邊替人「理毛」。這是強大的一心多用。語言的誕生令「理毛」更有效率，也令「理毛」行為像病毒一樣擴散開來。[3] 憑借語言，我們的祖先能將複雜的想法從一個大腦傳遞到另一個大腦，合理地安排狩獵、覓食及最終的耕作等活動。依靠語言，我們得以讓越來越大的社會部落維持穩定（也因此享受穩定帶來的碩果）。

我們並不止步於此，繼續開拓了新的方式，以擴大和強調我們的社交性「理毛」行為。於是，人類這種動物（有著龐大的大腦新皮質）得以在結構和安全性算得上表面無損的情況下，在越來越大的種群中生存。由此判斷，每種通訊技術的出現——從古埃及的莎草紙，到印刷術，再到 Pinterest，社交應用——都在操控我們思維中一塊最為基本的部分。反過來，這些技術擴大了我們為彼此「理毛」的能力，使我們得以造出巨大的城市，最終創造出「地球村」。而對於地球另一端的人——我們甚至從未與之謀面的那些難民和恐怖分子，我們則或同情，或厭惡。我寫下這句話的此刻，地球上約有 7,401,858,841 人生存著，而每個人都潛在地與其他所有人關聯著，於是，可能的聯繫就有 27,393,757,147,344,002,220 種。[4]於是，我坐在這裡，一個人在我小小的辦公室——我的小房間——外面的世界可能閃現著超過兩百七十億次的問候。

當然，這一改變還沒在全球平均分布。正如美國作家威廉・吉布森（William Gibson）所說：「未來早已擺在我們面前，只是它還沒平均分布罷了。」是的，當得知世界上只有不到一半的人口在使用網路時，蘋果手機愛好者是十分吃驚的。儘管如此，這一改變來勢兇猛，無論是貧窮還是封閉，不會讓人們長時間地與網路隔離：二〇〇六年，世界上百分之十八的人口在使用網路；二〇〇九年，百分之二十五的人在使用網路；到二〇一四年，這一比例上升到百分之四十一。[5]這樣的增長速度是驚人的。回憶一下即時通訊系統——它支配了全新的現實，又最直接代表了我們線上「理毛」行為——是如何快速繁衍的：WhatsApp，即時通訊平台中的王牌，二〇一六年的用戶數量達到了十億。而且 WhatsApp 在兩年內就達成這一壯舉。[6]

亞里斯多德（Aristotle）曾將人類定義為社交性的動物，他的概括一針見血。我們總是希望他人對自己有較好的印象，這也是我們身為人的基本動力之一。而當我們不再面對面地交流，轉而在基於電子螢幕的社交媒體上問候彼此時，我們就更能胸有成竹地呈現自我了。例如，看到 Facebook 上有人說自己找到了新工作，我可愛但又焦慮的朋友喬斯琳會花上好幾分鐘時間，一遍又一遍地撰寫她的評語，最終寫下短短的、毫無冒犯之心的「真為你高興！！！」（而在近乎瘋狂時，喬斯琳可能會加一個馬丁尼酒杯圖片作為表情）。當然，二〇一五年的一項研究發現，在大約十五億 Facebook 用戶中，使用 Facebook 最頻繁的是那些存在社交恐懼的人——尤其是那些急需獲得社會認同的人。[7]技術於是成了一劑藥膏，成了一種讓我們無須再為適應環境或歸屬而擔憂的方法。並且，用網路問候彼此的衝動早已以驚人的速度成為我們生活的一部分：二〇〇五年，美國只有百分之八的成年人使用社群網站；到了二〇一三年，這一比例躍升到百分之七十三。[8]與此同時，接近一半的美國人睡覺時都會將手機放床頭櫃，把它們當成哄自己入睡的泰迪熊。身為人代表著要會社交，而身為一個在LED時代的人，代表著要學會頻繁社交。

但是，正如許多人不得不採用健康的飲食方案，因為我們置身於一個充斥著高鹽、高糖、高脂肪食物的世界，我們如此強迫自己履行社交儀式，已到了必須從暴飲暴食的社交中將自己解放出來的時候。社交媒體已讓我們變得過度社交了嗎？社交媒體是否讓我們不停地在吞咽與他人的連結，卻從來沒有得到適當的滋養。

大腦新皮質——我們之所以為人的關鍵，開啟我們的城市、政治、宗教和藝術的物質——一次又一次地遭到劫持了嗎？

網路社交的衝動是何時變得真正令人害怕的？關注這類事件很像猜謎遊戲，但「二〇〇四年七月十四日上午九時四十九分」是一個可能答案。那一刻，一個傢伙在論壇上開了一個以「我很孤獨，有人願意跟我聊天嗎？」為題的聊天室，十年後，美國新聞網站沙龍書獎（Salon.com）為這一連串回文冠以「網路世界最憂傷的回文」的名號。即便是在首個回文發佈的幾天後，任何人在 Google 搜索引擎內鍵入「我很孤獨」，都會被連到那裡；人們在那裡留言，訴說自己心碎的孤獨感，同時也博得了一些微小的同情。事實上，很多人，在夜晚獨自喝上幾杯希拉（Shiraz）葡萄酒後，會發現自己正朝著網路扔「我很孤獨」這幾個字。他們期待得到怎樣的回覆呢？「我們都是沒用的人，都需要生活。」一個訪問者敲下了這幾個字。「彷彿不再有人是真實的了。」另一個人這麼寫道。沒人去尋求心理專家的幫助和藥物治療，也沒人找男朋友或不抽煙的女傭。這反而只是一聲數位層面的號叫。感到孤獨時，就訴諸網路世界，這種做法並不罕見。我已習慣在Google搜索中鍵入無助的問題。我可能會輸入「現在是巴黎時間幾點」或者「一公升有幾盎司」這些被稱作「神諭似的搜索」（如同「求問神諭」中「神諭」這個詞想表達的意思一樣）。於是就更容易向這神諭的權威提出更情緒化的問題：「我為什麼不開心？為什麼沒人愛我？」

二○○四年七月十四日上午九時四十九分。那是個無聊的週三早上。可能就在那一刻，上網「理毛」的衝動失控了。一個無名小卒——就讓我們稱他為艾迪——落單了，於是他想著可以上網找個人聊天。這是件容易的事，「神諭」也那麼吸引人。

「我很孤獨，有人願意跟我聊天嗎？」艾迪想要瞬間掙脫落單的局面，這不是什麼新鮮事；算得上新鮮的是那份從容，那份技術給他的溫柔保證——他再也無須感到孤單。如果說網際網路已儼然成為獨處的破壞者，那麼這個破壞者也是人們招來的。對它微小的入侵和狡黠的不公，我們早已習慣了心存感激。

截至二〇二〇年，大約三百億到五百億項物件——如汽車、烤麵包機、洗髮精將會與網際網路相連；網路上可獲得物件的數量是我二〇一六年寫作本書時的三倍。[9]從前，你的臥室、社區公園內、飛機廁所裡那些愚鈍的物件將會煥然一新，會令我們的上一代讚不絕口。（麻省理工學院媒體實驗室的一些成員早已開始將這些物件稱為「著了魔的東西」——這使人想起了英國科幻作家亞瑟・查理斯・克拉克（Arthur C. Clarke）的話：「任何足夠先進的技術都與魔法密不可分。」）這一萌芽狀態的「萬物網路」將會依賴無時無刻不存在的聯繫行為和回饋行為——一次永恆的社會共鳴，而此時斷連將會成為一種罪孽。換句話說，我們生存的環境中將會有越來越少的磚和塑膠，而有更多以雲端為基礎的設施。[10]這些數位環境對斷連望而生畏，將它看成孕育故障的溫床；其結果是，人們的思維生態系統也會有同樣的反應。萬物網路早已開始。我們為停車收費器、輸電網路、貨幣、汽車、文件、食品儲藏櫃、衣物和飾品灌入網路訊息，從而建立了萬物相聯，這在二十年前是無法想象的。與此同時，Google Now 提供我無窮無盡有用而定位具體的建議。採用聲控技術的 Amazon Echo 可以像個雲端僕人一樣搞定諸如記錄訂單、撰寫購物清單和錄下食譜這樣的家務。Amazon Prime Air 也在竭力透過無人機運送包裹。有自我學習功能的家用電器追蹤人們的活動，透過同步人們的行為，使自身的功能性越來越隱蔽。我們常常意識不到自己在這錯綜複雜的聯繫中所處的位置，但我們每天都在證明（假如我們去搜尋的話）我們已將更多時間花在糾葛而非獨處上。

此種半人半機器的成就不僅在人類的棲息地展露，我們還想依樣畫葫蘆地改造動物王國。例如，瑞士一些奶牛的脖子上攜帶著感應器和 SIM 卡，它們可向農夫們發訊息。這些設備可以告訴人們這頭奶牛何時發情，而發出的訊息差不多就是：「我已準備好受孕了。」[11] 羨慕吧。

我無法為奶牛們代言，但人類確實容易偏愛將所有物件和所有人都聯繫起來。正如鄧巴的研究所清晰闡述的那樣，這種慾望是根植於我們最本質的天性中的。當然，我們可不是唯一熱衷於聯繫的生物，許多物種都是社會型的，但人類是為數不多的符合真社會性的物種之一（「真社會性」在英文中是 eusocial，「eu」的意思是「真實」）。

「真社會性」也是偉大的昆蟲學家艾德華・威爾森（E. O. Wilson）用來描述具備自我犧牲精神、能多代生存的動物的術語。如威爾森所研究的螞蟻一樣，我們人類也是高度配合的動物，我們生來就會不斷地迎合集體的需求。我們當然也有自私的一面，但是，有多少次，我們會將利己的衝動擱置一旁，奉獻自我，臣服於他人軍事性的征服之下？又有多少次，我們像合唱團裡謙卑的小學生，或威風凜凜的大型強子對撞機[12]發明者，在集體項目的祭壇上奉獻自己的一份力？在威爾森看來，真社會性文化的演變，是「生命歷史中的重大革新之一」（如鳥類翅膀的出現和花朵的出現一樣重大）[13]。於是，這些強韌的社會關係遮掩了其他的存在方式：我們人類現在一有機會就將獨處驅逐出去。二〇一三年的一項調查顯示，在約七千五百名美國智慧型手機用戶中，百分之八十的人在醒來十五分鐘內就會使用手機。[14]在十八到二十四歲年齡段，這一比例上升到了百分之八十九（他們中絕大多數人一睜眼就立刻伸手拿手機）。事實上，每四名受訪者中就有一名在一天中時刻離不開手機。如果真是這樣，這就是真社會性的獻身。我們向龐大的社交網路擴展，但這種蔓延已遠遠超出了實用性；它完全是強制性的，是我們必須去做的，它是一條幻影般的臍帶。在Google搜尋中輸入「恐懼」，搜尋列會自動補成「恐懼獨處」。

與此同時，你若是輸入「害怕沒有」，那搜尋列會自動補成「害怕沒有手機」。許多人強烈譴責「社交控」（FOMO）——害怕被遺漏（fear of missing out）的出現，但對我而言，這個詞並沒有捕捉到焦慮的氣息。我外出散步，有一兩個小時沒帶手機時，並不擔心遺漏了什麼新聞，讓我擔憂的是迷失了自我。如同戀愛中的人只能在愛人注意力的光亮中看到自身，我要是少了他人的注意，似乎就總處於消亡的邊緣。透過手機履行的社交禮節促使大腦分泌多巴胺，刺激我們的犒賞系統（pleasure/reward system）[15]，但這依然於事無補。當我和心理學家伊麗莎白・沃特曼（Elizabeth Waterman）聊天時，她告訴我：「我們就是這麼根深蒂固地想和他人分享自己的生活狀態。」沃特曼專攻人類的種種成癮癖好。我們分享得越多，感覺就越好——至少從短期來看是這樣的：「自身的訊息與許多人共享時，大腦的犒賞系統就會變得活躍起來，這在只與少數人共享訊息時是不會出現的。」當靈長類動物與整個群落打交道時，它的胸腔是擴張的。誰沒在Twitter上體驗過當一個「看似信手拈來」但精心策劃的言論被轉發數千次後，那湧出的多巴胺帶給我們的快感？

頗能說明問題的是，我們在虛擬世界的慾望幾乎僅僅指向社交。沃特曼告訴我，社交媒體應用大多是讓人們上癮的罪魁禍首：「讓人們上癮的是傳訊息、Instagram、Pinterest和其他社交媒體應用。與此相反，那些僅呈現新聞、天氣或體育賽事結果的非社交性網站，基本上是不會讓人上癮的。分享本身是容易使人上癮的。」沃特曼的觀點更好地定義了我查看自己手機時隱約感到的焦慮——我也在他人臉上看到了類似的焦慮。這如同年少時把被需要、被聯繫、被愛護的衝動——是的，還有被以禮相待——都傾注於一個閃亮的圖騰，都傾注於這一黑暗的未知。這一衝動握在手中是如此之小，卻暗示了無法抗拒的種種現實——尤其是經濟層面的現實。

出生於二十世紀的我們成長於一個受能源和金融業統治的經濟世界。但在過去的十年中，一個新的玩家已勢如破竹地成長起來，它就是網路平台。網路平台公司在一切之上的屬性就是它們的社交性。舊有的「管線」公司會製造某樣東西，再賣給你這樣東西（「想要 Nike 嗎？這裡有一些 Nike 的商品。」）。而一家網路平台公司——如 Uber 或 YouTube——只是造個工廠，然後邀請你——用戶——去工作。你開車，你拍影片，隨後網路平台公司從中獲利。許多網路平台不會為這類勞務付費，但它們向我們保證，分享的愉悅本身就是一種回報。對網路平台的所有工作人員來說，這是個極其有用的安排，因為這樣的操作不需要太多管理費。例如，Instagram 於二〇一二年春季以十億美元被賣給 Facebook 時，它只有十三名員工。這家公司所有的實際價值都是由大量的用戶——Instagram 該感激勤勉的大眾——無償創造的。截至寫作本書時，每分鐘有超過十億用戶在 Youtube 上傳時長超過兩百三十小時的影評。為這樣的勞務付費會讓 Youtube 這樣的網路平台無法運營下去，而讓用戶無償地付出勞力就將一個網路平台打造成了一座金礦。

也正是網路平台創造了可愛的「共享經濟」：我們可以透過 Airbnb 租用陌生人的公寓；在 SnapGoods上借用其他居民的工具；也多虧了 RelayRides 和 Wheelz，我們能共享腳踏車或汽車。乍看，這似乎相當烏托邦。多麼歡樂友好啊！我們所需要的只是一種分享的方式！（且不論共享經濟通常是存在於官方的稅收體制之外的，這樣一來，廣大社會就參與不到「共享」之中了。）但裂痕隨即出現。例如，共享經濟也孕育出了諸如 MonkeyParking 這樣的手機 app。這個 app 在二〇一四年允許人們將舊金山的停車位拍賣給最高競價者——最終，市檢察官介入，堅決主張「海灣之城」[16]不會容忍這樣一個體系：有錢人可以把車停在任何地方，而窮人被丟在一邊。[17]

與此同時，一個新的階級「不穩定型無產者」[18]應運而生。這類人的特徵是，對工作草草了事，且不斷更換職位。預期到二〇二〇年，美國有一半的勞動力將會是自由業者。[19]越來越多的人會成為群眾員工，在網路平台經濟中擔任小齒輪的角色。他們有的可能承擔諸如 Uber 或 TaskRabbit 分發的一連串無休止的工作，有的可能受雇於鮮為人知的公司，做些數據輸入或在 LinkedIn 上進行人肉搜索的工作。這些員工和他們雇主的關係被限制在虛無縹緲的世界中，他們被隱去了姓名，被剝奪了醫療保險、退休金和其他上一代人認為理所當然的福利。提到自由業時，我們聯想到的自由——那些共享辦公「蜂窩」所倡導的隨遇而安的生活——也只是中空的自由，因為要吃飯就得幹活，付出努力才有報酬。

我將這些改變告訴馬歇爾・范・阿爾斯泰內（Marshall Van Alstyne）。阿爾斯泰內是波士頓大學和麻省理工學院的教授，他鬥志昂揚，專攻電子商務經濟學。「目前，排名前三十的公司中大約有十三家是網路平台公司，」阿爾斯泰內告訴我，「這一改變比人們認為的更具有戲劇性。」事實上，阿爾斯泰內覺得我們正在經歷的這一改變與上一次世紀之交的變革——工業革命——頗為相似。「那時，」他解釋說，「你見到人們大規模地建設資本基礎設施，用來煉鐵、煉油或煉銅。但現在已不是有關大規模的供給經濟了，而是關乎大規模的需求經濟。現在是用戶自身創造價值。」阿爾斯泰內相信，下一個十年，網路平台會成為經濟中的主導公司形式。

他進一步預測，網路平台的組織方式將不僅僅局限於商業領域，還會擴大到對整個城市和政府部門的塑造。（他在麻省理工學院的同事已經在為新加坡、倫敦、哥本哈根和西雅圖這幾個城市的政府效力了。）這些城市和政府部門將會成為一整個「智慧」社群。如果網路平台公司依靠用戶來運營，那麼一個「網路平台城市」也可以依靠用戶來運營——大量的城市規劃將會根據成群的市民創造的數據來優化交通、政策、零售業、旅遊業和其他更多方面。市民的行為透過手機應用和儀錶盤轉化成數據，（極有可能）到達零售商、政府和市民自身那裡。例如，想象一下「智能城市污水系統」：麻省理工學院的感知城市實驗室正在開發一項公開數據平台，這一平台可以實時監測人類排放的污物，讓城市得以用新型、動態的方式應對傳染病學。（一個明顯的好處就是能獲得針對疾病暴發的第一手數據。）人群、計程車、飛機乘客和海運貨櫃的動態情況也都可以獲得，這樣城市就能向它自身的模式做出反應、自行運作。[20]

這樣一座基於網路平台的城市聽起來似乎無所不能，但我擔心，一座城市一旦發生這一轉變，城市生活的一個重要特質就喪失了。我們中的一些人搬到城市居住，首要原因不正是想變得不知名，變得渺小，在紛繁的群體中特立獨行——隨後，找尋到自我，生怕別人的熟知過多地打擾我們嗎？

一個基於網路平台的城市——同步化、社會化、無縫隙——讓人瞬間聯想到烏托邦或喬治・歐威爾（George Orwell）虛構的世界。在這一目光看向的未來，政治、經濟和文化都交織在一有機會就想和人聯繫的原始衝動之下。與此同時，假如我渴望一點個人空間，假如我想從黑壓壓的人群中未經允許就擅自離開，那我注定是個迷途的人。甚至在開始寫作本書時，我就因為不放過任何微小機會去躲避社交活動而遭到猛烈抨擊。我會過一整天才回別人訊息，或拒絕一個邀請時說：「沒有什麼理由——只是今晚想待在家裡。」人們討厭這樣的反應。一個朋友問我，他做了什麼，導致我不願在酒吧待一晚。而另一個朋友發現我沒在他 Facebook 主頁上回文他的婚訊，勃然大怒。（我已有七年沒登錄 Facebook 了，但他才不管這些，他想要人們關注他的一舉一動。）而我要做的是忍受他們的抱怨和我自己的尷尬。你要是想獨處，還真是犯了禁忌。

但禁忌生來就該被打破。我們每天，幾乎每個小時，都有機會去試著獨處：開車兜風，在草地席地而坐，將手機關在抽屜裡。我們一旦開始找尋，就會發現只要剝開事物的表層，總能找到獨處的機會。我一開始本以為獨處是一項失傳的藝術，現在才明白將獨處比作失傳的藝術粉飾得太過分，也太無力。

獨處已成為一種資源。

跟所有資源一樣，獨處可被收穫，可被存儲，可被強大的外力不經允許或詢問就佔為己有，隨後被轉為個人財富，直到我們原先認為理所當然存在的那片空白空間開始變小，隨後消失。最終，我們失去了像伯恩醫生那樣拓展豐富內在生活的能力。

保護這一資源對我們有利，正如保護我們的海洋和森林對我們有利一樣確鑿無疑。直到我們回想起獨處也是有價值的，我們才開始珍惜我們的獨處時光。

真正的獨處——與被我們稱作孤獨的失敗的獨處相反——那是一個富饒的國度，又是一個我們很難抵達的國度。我們一旦為它騰出空間，就會發現在那片空曠的空間裡隱藏著許多必需品，它們在我們社交生活浮光掠影的間隙等待我們。隨著研究工作的進展，我開始回憶起一種平靜的脫離感、一份我從前可以從容不迫度過一小時的篤定。我等不及要再次去見我的自我。

1 編注：又稱古典制約，是一種關聯性學習。由俄國心理學家伊凡·巴夫洛夫（Ivan Pavlov）提出，指「動物對特定制約刺激的反應」。（來源：維基百科）

2 R. I. M Dunbar, "The Social Brain: Mind, Language, and Society in Evolutionary Perspective," *Annual Review of Anthropology* 32 (2003): 163–81.

3 R. I. M. Dunbar, "Coevolution of Neocortex Size, Group Size and Language in Humans," *Behavioral and Brain Sciences* 16 (1993): 681–735.

4 Between n nodes there are (n-1)n/2 connections.

5 The World Bank, "Internet Users (per 100 People),"http://data.worldbank.org/indicator/IT.NET.USER.P2/countries?display=graph

6 Facebook 花七年才達成此目標。

7 Roselyn J. Lee-Won, Leo Herzog, and Park Sung Gwan, "Hooked on Facebook: The Role of Social Anxiety and Need for Social Assurance in Problematic Use of Facebook," *Cyberpsychology, Behavior, and Social Networking* 18, no. 10 (2015): 567–74.

8 Pew Research Center, *Social Media Update 2013*, January 2014, http://www.pewinternet.org/files/2013/12/PIP_Social-Networking-2013.pdf.

9 ABI Research, "More Than 30 Billion Devices Will Wirelessly Connect to the Internet of Everything in 2020,"

May 9, 2013, https://www.abiresearch.com/press/more-than-30-billion- devices-will-wirelessly-conne/.

10 由磚頭、塑膠所建構的基礎設施，和雲端的基礎設施，這兩種東西的二分法當然其實還是一種謊言。我們確實「體驗」到在硬體世界與空靈的雲端世界之間的差別，但這些雲端的內容還是活在真實的、耗能的伺服器中某處。

11 John Tagliabue, “Swiss Cows Send Texts to Announce They’re In Heat,” *New York Times*, Oct. 1, 2012, http://www.nytimes. com/2012/10/02/world/europe/device-sends-message-to-swiss- farmer-when-cow-is-in-heat.html?pagewanted=all&_r=2&.

12 編注：大型強子對撞機（Large Hadron Collider，簡稱LHC），是觀測核子研究組織的對撞型粒子加速器，作為國際高能物理學研究之用。（來源：維基百科）

13 Natalie Angier, “Edward O. Wilson’s New Take on Human Nature,” *Smithsonian Magazine*, April 2012.

14 “Always Connected for Facebook,” IDC Research Report, https://www.idc.com/prodserv/custom_solutions/download/ case_studies/PLAN-BB_Always_Connected_for_Facebook.pdf

15 網路的 DNA 就像是由電子的「一」與「〇」所串聯起來的人類社交本能之延伸。網路界教父 ARPANET 是由一些學者所創建，他們相信資訊分享是一種偉大恩賜、並會帶來新的啟蒙。這個計畫由美國國會資助，他們看見此計畫中軍事層面的必要性（你無法用一顆炸彈解決分散的通訊系統）。但是這些學者吹捧著一種更不殘忍的哲學，他們用資訊公開透明的交換和權力的去中心化來包裝。這是一種他們從原初的人性啟蒙中繼承而來的倫理觀念，而屢試不爽的是，最後稱王的不會是溝通的內容，而是對話行為本身。科利・多克托羅（Cory Doctorow），文章平台 Boing Boing 的編輯寫道：「在網路上，所有媒介都先是一個社交對話的媒介，再來才是一個為特定目的設計的論壇。」換句話說，不管我們做什麼，我們都是在分享。

16 編注：海灣之城（City by the Bay），意指舊金山。

17 Katy Steinmetz, "No, You Can't Auction Off Public Parking Spaces in San Francisco," *Time*, June 23, 2014.

18 譯注：不穩定型無產者（precariat），由英文「precarious（不穩定的）」和「proletariat（無產階級）」組合成的復合名詞。

19 Micha Kaufman, "Five Reasons Half of You Will be Freelancers in 2020," *Forbes*, Feb. 28, 2014

20 MIT, "Live Singapore," http://senseable.mit.edu/livesingapore/.

2 為何獨處

我哥哥來我和肯尼的公寓拜訪時，竟讓他還是嬰孩的兒子獨自爬過牆角，消失在我們的視線中，我嚇了一跳，再也無法集中注意力和我哥哥說話，我肯定我的侄子列維此刻正在輕咬一根磨損的電線，或愉悅地在碎玻璃上翻滾。我無法容忍列維有那麼一分鐘是無人照看的。如此焦慮的我，也絕非世上唯一的奇葩。我們知道，甚至是上帝——那位最早的父親——在把亞當獨自一人安放在伊甸園時，也誠惶誠恐。「我不該讓男人獨自一人。」他緩慢莊重地說道。這樣的擔憂蠶食著像我一樣的新手。

然而，對動物的研究表明，動物中的父輩為了讓後代成長，會故意扔下它們不管不顧。與此同時，焦慮的人類父母常常一刻也無法讓他們的孩子獨處。一個嬰兒轉過身，凝視著前方，他的母親就會將一個填充玩具或一面鏡子放到他眼前，破壞孩子自我調節刺激的能力或社交能力。[1]

許多人認為，只有與他人交流才能使嬰兒思考和產生情感，但著名心理學家艾斯特・沙勒・布赫霍爾茲（Ester Buchholz）認為，比起外在的驅動，新生兒受內在的驅動更多。確實，子宮內攝影技術的到來，使我們認知到一個十四周大的胎兒（早在他接觸母乳之前）就會吮吸拇指，來滿足自己的欲求。簡言之，我們並非與生俱來的社會性動物——我們的養育者常常煞費苦心地「馴化」我們，讓我們變得比習慣上更擅長社交。「我們是生來如此的，」布赫霍爾茲堅持認為，「預備做自己的事，也預備與他人交流。兩種需求——獨處的需求和社交的需求——都至關重要。」沒有經歷過獨處，一個孩子就無法做到自我管理，而「不可否認的是，許多社會和心理疾病都源自自我管束上的困惑」。[2]

布赫霍爾茲感嘆，甚至我們成年後，這個社會也拒絕讓我們形單影隻。「所有的推動，所有的時間，都是在促使關係的形成。假如你做出反抗，你只會被認為是反社會人士或瘋狂的人。」她驚奇地發現，很少有人意識到「兩種需求——獨處的需求和社交的需求」都是我們快樂和生存的要素。[3]

現在，我們用虛擬的或實在的陪伴填滿生活後，到達了一個臨界值，在這之上，更多的「接觸」只會產生一種古怪的孤獨感——社群反感（crowd-sickness）。我們問候他人，他人也問候我們，但我們得到的回饋越來越少，我們即便不停地填充社交的燃料，依然得不到滿足。美國作家梭羅曾抱怨道：「每日三餐時，我們碰面，企圖給對方一種新鮮感，而我們依然是那塊陳舊、霉臭的乳酪。」[4]但對我而言，一天碰面三次，這聽起來像佛教徒的隱修。我與朋友、家人的接觸已膨脹到有超乎尋常的害處：它環抱著我，令我不安，無時無刻不提醒我對方的存在。我們拾起貧瘠的社交，因為比起被我們拋棄的肥沃的獨處，它更容易被撿起，也更撫慰人心。

我們之所以去社交，是覺得陪伴能代替獨處，以為我們內心的巨大黑洞若是被填進足夠的甜蜜社交，最終就會被填平。但獨處的替代品從來都不是陪伴。獨處的替代品是孤獨。

人們越發感到孤獨。一九七〇年代，在中年和更年長的美國人中，每一百個人中有十四個人感到孤獨，而如今這一比例已上升到百分之四十以上。[5]甚至在二〇〇四年，美國國家自然科學基金會（National Science Foundation）在綜合田調中公佈，美國人中認為自己很孤獨的人群比例在急劇上升。在基金會調查的一千五百名受訪者中，有超過四分之一的人表明，他們在承受磨難和享受喜悅時，是找不到人傾訴、分享的（這一比例比一九八四年的調查數據上升了三倍）。[6]與此同時，在《不安的美國人》（*The Insecure American*）一書中，編輯休・卡斯特森（Hugh Gusterson）和凱瑟琳・貝斯特曼（Catherine Besteman）描繪了一個懼怕「他者」的民族。這個民族的人們隱退到大門緊閉的社群，在種種妄想症中痛苦不堪，他們怕恐怖主義者，也怕偷去他們工作的外國人。這也是羅伯特・帕特南（Robert Putnam）在他《獨自玩保齡球》（*Bowling Alone*）一書中描繪的世界：「在過去一兩代人的生活中，一系列技術、經濟和社會的改變已讓美國社會資本過時了。」[7]截至二〇一三年，《紐約時報》已能語出驚人地斷言，死於薄弱社會聯繫（因此自殺）的美國人已多於喪身於車禍的美國人。[8]事實確實如此，即便是在技術輔助下的「聯繫」已突飛猛進的情況下。耐人尋味的是，奧勒岡健康與科學大學（Oregon Health and Science University）的一個團隊曾於二〇〇四到二〇一〇年追蹤了一萬一千名成年人。他們發現，電話通話並沒有降低這群人陷入憂鬱的風險。那寄電子郵件和簡訊呢？答案是，對降低憂鬱風險也毫無作用。[9]也許，成為史上社交最頻繁的人，也未能保證他們躲避孤獨。

應對孤獨的常見藥方是更多的社交，但鍛鍊我們獨處的能力是另一個選擇。我們無法逃避獨處，當獨處降臨時，我們能泰然處之嗎？如果我們無法應對，可能是因為我們沒有明白一點——我們已忘記了獨處的價值。那獨處的益處是什麼？

獨處的首要益處在著名心理學家安東尼・斯托爾（Anthony Storr）的著作中就已詳

盡闡述。斯托爾在書中這樣回應一九八〇年代的文化——「電話無時無刻不在威脅著私人生活」，並且「罐頭音樂（Muzak）已入侵了商店、旅館、機場，甚至是電梯」。[10]在相對平靜的八〇年代，斯托爾就察覺到他生活中空白的角落被填滿了。正如一個抖動著推送通知的 Android 系統打擾了你和我獨處的心境，罐頭音樂同樣也威脅到了斯托爾獨處的心境。每代人都有他們對獨處的期望，而每份期望都遭到了侵犯。一九三〇年代，像《紐約時報》如此彬彬有禮的聲音，也形容廣播和電視的普及在「參差不齊」的受眾之間創造了「可怕的親密」。[11]

剝去斯托爾那個年代的道德說教，他真正擔憂的是什麼？那不斷從現代生活奔流而出的媒介與聲音之溪流的偉大在哪裡？斯托爾認為，獨處的最大益處在於它能激發新的思想。作為自己所處時代的學術先鋒，斯托爾從一個心理學家的視角，分析了一些偉大藝術家的人生——貝多芬、杜斯妥也夫斯基、卡夫卡、塞克斯頓（Anne Sexton），這個清單可以繼續列下去。隨後他發現，「尤里卡瞬間」[12]（用當今美國脫口秀主持人歐普拉〔Oprah〕的話說，就是「啊哈瞬間」）不是在會議桌上發生的。為什麼佛陀會在一棵樹下獨自冥想？為什麼耶穌在野外度過四十天？為什麼穆罕默德在齋戒月隱退？

此外，為什麼那麼多的部落文化會將獨自旅行納入一個孩子的成人禮中？我們對自己講的那些有關啟迪的故事中，也包含著獨處的主題。

要想出勇敢創新的想法，遠離人群總是必要的。斯托爾解釋說：「幾乎各種各樣的創新型人才在成年後，都會偶爾逃避他人，以獲得一些獨處的機會。」[13]那些老生常談的例子——說畫家把自己鎖在畫室裡，作家把自己關進小屋中，女科學家午夜時分還在實驗室做實驗——都不是偶發性的事件。斯托爾的斷言在一九九四年得到了心理學家米哈里・齊克森（Mihaly Csikszentmihalyi）的支持。（齊克森在他的著作中首次闡述了「心流」〔flow〕這個概念。）他發現，與同伴相比，無法忍受獨處的青少年的創造力更弱。[14]唯獨在獨處中的那些年輕人得以培養自身的創新習慣——寫日記、塗鴉、做白日夢——這些習慣會帶來獨一無二的原創。

我們最偉大的思想家們可能也非常希望獲得獨處時光，因為，正如斯托爾所言：「思想是脆弱的樹苗，一旦過早地暴露在審視的眼光下，就會凋零。」[15]所以，孩子們會對他們親手製作的生日卡片或手工作品遮遮掩掩，不讓窺探的家人看到，叫著：「我還沒做完！」成年人則會在晚餐派對上緊鎖眉頭，因為他們心血來潮的想法未能得到他人的理解。

但新穎的想法只是獨處帶來的一個好處。對自我的認知——或者可以說自我療法——是在獨處時能得到的又一好處。隱退（retreat）這個詞的英文含義，原本是指一種有益的撤退，可以是做一次溫泉療養，或找個地方度假。但當代的醫生們大多忽視了獨處能為病人帶來的好處：我們傾向於群體治療、談話療法和其他任何能讓精神病患者們保持社交的方法。雖說這樣的方式可能對精神分裂症患者有好處，但不是每個人都需要更多的社交。事實上，我們中的許多人正迫切地需要與人隔離。斯托爾說，將自我從每日的社交中解脫出來，「能提高自我理解，接觸到個人內在最深的層面，這些層面在日常生活的騷動中是不會對我們展現的」。[16] 斯托爾之後，有重要的研究表明：獨處能強化一個人的精神自由，能透過不斷減弱擾人的自我意識，讓我們卸下防備。我們在他人在場時會不可避免地產生自我意識。[17] 我們可能憑直覺就知道這一點，而科學研究人員——特別是里德・拉森（Reed W. Larson）——早已證實了我們的猜測。他們在很長一段時間內隨機聯絡了受試的人群，讓人們通報自己的狀態，結果發現，是的，當我們需要思想和行動上的自由時，我們會尋求獨處。

然而，我們在面對赤裸裸的自我時，常會感到心跳加速，甚至會感到害怕。拉森指出：「人們想從獨處的時光中受益，必須能夠將一個本質上可怕的狀態轉換成一個豐饒的狀態。」[18]獨處所帶來的焦慮和壓力可以十分驚人。喜劇演員路易・C.K.（Louis C.K.）重複訴說他獨自開車的過程中是如何迫切地想看手機時，完美地詮釋了我們想要躲避獨處時自我的那些渴求。路易在《康納深夜秀》（*Late Night with Conan O'Brien*）上的話幾乎達到了某種詩意的層面：

「在你生活的一切之下，有樣東西，一種虛無——永遠的虛無。意識到一切都是徒勞的，你是孤單一人。這種感覺就在那裡。有時，你突然明白了這件事，你也沒提防什麼，你在開車，你開始意識到：『哦，這種感覺又來了，我是孤單一人。』就像悲傷來造訪你似的。生活是無比憂傷的，單單是生活在生活裡……那就是我們為什麼邊開車邊傳簡訊……人們情願承擔出車禍喪命的風險，也不願意承受一秒鐘的孤獨，因為孤獨感太難熬了。」[19]

研究顯示，我們開車時傳簡訊後的整整十五秒鐘都有遭受車禍的危險。[20]但這「致命的心不在焉」（《紐約時報》的馬特・里奇特爾〔Matt Richtel〕的用詞）只是人們逃避孤獨的微小代價。

而那個赤裸裸的自我，才是嚇人的鬼怪，但直面自我最終可能得到一次精神上的相遇。那一刻也就是榮格所描述的「個體化」。所謂「個體化」，就是一個人擁有欣賞自己的能力，哪怕他已獨立於自己所在的物種。用榮格的話就是：「與普通的、大眾的心理截然不同的個體」[21]將會讓「有意識的心理生命層面豐富起來」[22]；成為一個真正的個體，是「自我的達成或『自我意識』的出現」。[23]換句話說，獨處能將我們從焦慮的蜂巢式集體心智中解脫出來；獨處會提醒我們，自我並不可怕。

除了這些好處——全新的想法和自我認知——獨處還有最後一個益處：鞏固和他人的關係。乍一看這似乎是個悖論：獨處要與他人分離，又如何能修繕我們與其他人的關係呢？有個重要的區別我得說一下：社交脫離並不排除其他種類的聯繫。從他人面前消失，並不代表著我們脫離了所謂的「間接或替代接觸」。[24]離開一個聚會，你對在那裡認識的一個帥哥會有更清晰的認識。和你的母親道別，可能會讓你在未來五分鐘內對她給予的關心十分感激。[25]

除此之外，懂得如何把握孤獨的人從來不會感到無比孤獨，那些我們深愛著且關心我們的人帶給我們的欣慰感和認同感會伴隨我們。如果沒有這些記憶，我們的獨處時光將是不堪忍受的。英國精神分析學家唐諾・溫尼考特（Donald Winnicott）在一九五八年得出結論：健康的成年人會在無意識中回憶起童年時受父母呵護的時光，從而避免孤獨和緊張。「獨處能力的基礎，」溫尼考特寫道，「是一個悖論。」母親（或母親的替身）即便不是呼之即來的，也是可以找到的。「如果沒有類似的足夠的經歷，」溫尼考特解釋道，「一個人是無法培養自己的獨處能力的。」[26]溫尼考特還注意到，健康的嬰兒會有一種他稱為「持續存在」（going-on -being）的狀態。在這種狀態下，孩子是平靜的，父母也不會刻意去吸引他們的注意力——在這種狀態下，自我意識開始會聚。[27]這樣的狀態也可在人生的其他階段出現。接受精神分析的病人有時可在監護人在場時學會獨處，此時他們正在經歷「沉默環節」。在這一環節中，病人躺在沙發上，對著心理分析師沉默不語。（事實上，業界人士會用整個專題研討會去研究病人和分析師間的沉默的意義。）而獨處的能力絕非對親密關係的捨棄。相反地，獨處是在最重要的層面對這些關係的肯定。[28]一個人能夠快樂地獨處，證明他相信別人是愛他的。因此，我哥哥任小列維獨自一人玩耍的做法是正確的。

每當我們寫信或獨自散步期間回憶起一些朋友時，我們都是在再次肯定和朋友之間的關係。當我們平靜地經歷分別時，我們證實了自己對他人的信任——證實了這種信任，於是加深了它。

近日，我和前男友在溫哥華樹木蔥鬱的西區漫步。他在中國工作了一年，剛從那邊回來。前男友在人行道上轉身對著我，說道：「太匪夷所思了，我不得不去一個像上海這樣人口密集的城市，去感受我腦海中一直渴望的那份平靜。現在，我回來了，我感覺棒極了。我總能知道我和誰是真正的朋友，因為即便分開，我也不會感到困擾。我知道我們會再次見面，重新拾起我們遺落之處。」我和他正是這樣。這恰恰是溫尼考特的觀點：只有擔心自己會遭到拋棄的人，才會對暫時的分別忐忑不安。

這些，便是獨處的益處：引發全新的思考、理解自我、靠近他人。整體看來，這三個要素會讓你建築起豐富的內心生活。你會發現，僅僅靠逃離人群的方式，你永遠都不能置身於獨處的境界。其實，獨處是一種資源，是一個生態位（Ecological niche）。[29]在其中，你能收穫獨處的益處。因此，當這一資源遭到侵犯時，你受到的影響是巨大的。

「我熱愛獨處，」梭羅說道，「我從未發現哪種陪伴是能勝過獨處的。」[30]這句話摘自《湖濱散記》（*Walden*），此書於一八五四年出版。在此之後，世界飛速走向持久的社交時代，這一轉變如此之快，又是如此不可逆轉。《湖濱散記》是一次享受獨處時光的古老絕唱（梭羅抱怨說，遠處火車的鳴笛聲令他無法忍受，擾亂了他內心的平靜。

按照當今的標準看，這樣的想法是如此幼稚）。「傳真電報」——電視機的先驅——則是在《湖濱散記》出版的第二年問世的；在接下來的十年間，跨大西洋海底電報光纜鋪設成功；再往後十年，電話被發明出來。梭羅就獨處的思考最後閃現了一次，隨後消失在夜空中，因為這樣的思考在某種程度上已變得沒有考慮的意義了。人群勢不可當地向前行進，將我們中越來越多的人捲入其磁鐵般的群體。並且，我們為了這個群體騰出空間，卻犧牲了自己的獨處時光。

事實是，自從開始寫作這本書，我就不停地擔心我將在獨處上花很多時間——幾個月不間斷地閱讀和起草，用疲倦的雙眼注視窗外，好幾個小時趴在沙發上發呆。寫作一本書差不多是一個人能選擇的最為私人的行為。每天早上，你沖一杯咖啡，瞇著眼看著發光的白色螢幕，努力克服那種下沉的感覺——彷彿整個世界的注意力已從你身上移開……我如坐針氈，想著自己能打電話或寄信給誰，隨後我又適時地克制了這種慾望。寫作就是與這世界分離，轉而短暫地去擁抱這個世界帶給你的想法。

也是幾周、幾個月後，我的態度才漸漸開始轉變。我與專家們交流，他們告訴我新技術是如何神不知鬼不覺地教導我們懼怕獨處的。我這才意識到我已厭煩了逃離自我的一切方式，並且意識到我越來越生氣，我生氣是因為我的一部分生活被人偷走了。於是，我開始在我的世界每個角落尋找丟失的個人時光。這些碎片在我搭乘地鐵時，在我早上睡意朦朧時，在我步行去雜貨店時等待著我。獨處的時光開始擴展到各個地方，就彷彿一個裝著珠寶的袋子破了洞，裡面的寶石都掉進了茂密的草叢中。我也不是唯一再次發現這些珠寶的人：我的幾個朋友也對密切的社交生活深惡痛絕，開始選擇獨處——他們中沒有一個人抱怨自己孤獨。一步步地，我們將被偷走的獨處時光又拿回來了。

問題在於，對森林和海洋的維護得依靠機構和政府的力量，而體驗獨處就其定義而言是關乎個人的，因此對獨處時光的維護在很大程度上必須由個人來負責。僅僅瞭解獨處的益處已遠遠不夠了。我們的網路群體已是如此固執、如此無處不在，我們現在必須積極地去擊敗這些蠶食我們獨處領域的勢力，否則，我們精神世界的大片空間將被這些勢力佔據。在接下來的這些章節中，我將找到本該屬於獨處時光的領域。你也將知道，哪些地方雖然沒有藩籬，卻是值得我們捍衛的。

1 弔詭的是，持續不斷的社交理毛行為，可能會導致生活中一種深層的孤單。當無法在感受到如此高度的關注時，已長大的孩子會出現精神分析師格雷戈里・齊爾博（Gregory Zilboorg）所稱的「自負的荒原」（egotistic desolation）。

2 Ester Buchholz, *The Call of Solitude* (New York: Simon & Schuster, 1997), 16, 17.

3 Martin Miller, "Unattached, thank you, and loving it," *Los Angeles Times*, September 2, 2004.

4 Henry David Thoreau, *Walden* (1854; repr., New York: Knopf, 1992), 121

5 Stephanie Cacioppo et al., "Loneliness: Clinical Import and Interventions," *Perspectives on Psychological Science* 10, no. 2(2015): 238–49.

6 Miller McPherson, Lynn Smith-Lovin, and Matthew E. Brashears, "Social Isolation in America," *American Sociological Review* 71, no. ო (2006): 353–75.

7 Robert Putnam, Bowling Alone (New York: Simon & Schuster, 2001), 2.

8 Ross Douthat, "All The Lonely People," New York Times, May 18, 2013, http://www.nytimes.com/2013/05/19/opinion/sunday/ douthat-loneliness-and-suicide.html.

9 A. R. Teo et al., "Does Mode of Contact with Different Types of Social Relationships Predict Depression in Older Adults?" *Journal of the American Geriatrics Society* 63, no. 10 (2015): 2014–22.

10 Anthony Storr, *Solitude* (1988; repr., New York: Free Press, 2005), 34

11 Anne O'Hare McCormick, "Radio's Audience: Huge, Unprecedented," *New York Times*, April 3, 1932.

12 譯注：尤里卡（Eureka），相傳是阿基米德根據比重原理測出金子純度時所說的話，意思是「我發現了」。

13 Storr, *Solitude*, 146.

14 Christopher R. Long and James R. Averill, "Solitude: An Exploration of the Benefits of Being Alone," Journal for the Theory of Social Behaviour 33, no. 一 (2003), 21–44

15 Storr, *Solitude*, 147. .

16 Storr, *Solitude*, 34–35.

17 Long and Averill, "Solitude," 24.

18 Reed Larson, M. Csikszentmihalyi, and R. Graef, "Time Alone in Daily Experience: Loneliness or Renewal?" in *Loneliness: A Sourcebook of Current Theory, Research, and Therapy*, ed.L. A. Peplau and D. Perlman (New York: Wiley, 1982), 40–53.

19 "Louis C.K. Hates Cellphones," *TeamCoco*, September 20, 2013, http://teamcoco.com/video/louis-ck-springsteen-cell- phone.

20 Robert Kolker, "Attention Must Be Paid," *New York Times*, Sept. 25, 2014, http://www.nytimes.com/2014/09/28/books/ review/a-deadly-wandering-by-matt-richtel.html.

21 Carl Jung, *Collected Works*, vol. 7 (Princeton: Princeton University Press, 1967), paragraph 757.

22 Jung, *Collected Works*, vol. 6, paragraph 267.

23 Jung, *Collected Works*, vol. 7, paragraph 266.

24 Philip Koch, *Solitude: A Philosophical Encounter* (Chicago: Open Court, 1994), 57.

25 本來我想過簡訊算不算一種「間接接觸」，但後來覺得它不算。除了接觸的對象不在眼前以外，簡訊應該算是一種直接接觸。對比來說，一個所愛之人的回憶則是間接的，因為它是一種獨立的體驗，一個只被單獨的個人感受與擁有的經驗。

26 Donald Winnicott, "The Capacity to Be Alone," *International Journal of Psychoanalysis* 39 (1958): 416–20.

27 Donald Winnicott, "Primary Maternal Preoccupation," in D. W. Winnicott *Collected Papers: Through Paediatrics to Psycho- analysis*. London: Tavistock, 1958.

28 在《獨居時代》（*Going Solo*）這本書中，艾瑞克．克林南伯格（Eric Klinenberg）論述道，能快樂的獨處其實是一種社會關係強韌的特徵，例如，在瑞典、挪威、芬蘭和丹麥這些獨居率最高的國家以其完善的社群支持聞名。

29 編注：生態位，又稱小生境、生態區位、生態棲位或是生態龕位，生態位是一個物種所處的環境以及其本身生活習性的總稱。（來源：維基百科）

30 Thoreau, *Walden*, 120–21.

每樣想來重要的事物，都是對支撐它的無關緊要的事物之禮讚。

——美國作曲家　約翰・凱奇（John Cage）

第二部

Bolt from the Blue

晴天霹靂

3 迷途的心智

「我很抱歉，朱莉，但這只是個事實——人們是懼怕胡思亂想的。曾經有篇論文說，測試者寧願遭受電擊，也不願獨自沉浸在自己的思緒中。」

那是二〇一五年的夏季，英屬哥倫比亞大學（University of British Columbia）的校園裡只剩下寥寥幾人，校園的地面上綴滿了鮮花。朱莉——我在校園裡偶遇的老朋友——用懷疑的目光瞟了我一眼，說她完全能夠獨自沉浸在自己的思考中。為了證明自己說的話，朱莉漫步離開了玫瑰花園，去找咖啡館。我對著花叢怒目而視。

那篇論文說的是真的。它發表於二〇一四年的《科學》（*Science*）雜誌上，作者是維吉尼亞大學（University of Virginia）的教授提摩西・D・威爾森（Timothy D. Wilson）和他的團隊。[1]他們研究發現，當旁人離開，剩下自己一人時，我們中大多數人會在六到十五分鐘後感到煎熬難耐。

相較於獨處，我們情願遭受電擊，雖然電擊會帶來疼痛，但做任何事——是的，做任何事——都比人類大腦開始獨自思考好得多。

或者說，我們是這麼認為的。

事實上，大腦在不需要對抗外界刺激（例如嗡嗡作響的電話或嘰嘰喳喳講話的人）時，會陷入做白日夢的狀態。我故意把這一狀態描述得很美好，「做白日夢」是如此溫和的字眼。然而，就彷彿是對待一個不齒的想法，做白日夢具體所指的思維狀態是我們中大多數人——也包括我在內——早已學會去壓制的。可能我們之所以去壓制它，是擔心做白日夢也是遊手好閒這一原罪的一個表現。至少從中世紀起，人們就一直堅定地反對無所事事，認為懶惰是罪惡的煽動者。

現在，在我以往常會做白日夢的場合——坐公車、洗澡，或外出步行的間隙——我會被一種愧疚和寧靜的絕望折磨，會驚慌失措地意識到自己需要阻止思維自顧自地游離太遠。我當然得做些事情，例如列個讀書清單，（再次）為我們想象的貸款列出高得離譜的首付金額。對我嘮叨不停的是新教徒職業道德殘留下來的那些廢話嗎？英國作家塞繆爾・詹森（Samuel Johnson）在一七七九年秋寫給文學大師詹姆斯・博斯威爾（James Boswell）的信的最後，有一句概括現代性的箴言：「如果你無所事事，請不要獨處；如果你在獨處，請不要無所事事。」[2]思維必須派上用場。

我來到英屬哥倫比亞大學是想詢問：做白日夢有意義嗎？為什麼？這所大學有一個

名稱十分響亮的實驗室：思維認知神經科學實驗室。這個實驗室的研究課題之一是「未受指引的思維進程」——撇開專業術語，便是做白日夢或心不在焉的狀態。為了這一研究的進行，志願者們會在做白日夢時讓功能性磁振造影（fMRI）掃描大腦。今天的大腦提供者——讓我們稱她為海莉——來到了實驗室。研究人員立刻問她身上是否攜帶了金屬物件（磁振造影機器有極其強大的磁力）。海莉回答說，她身上沒有金屬物件。於是，研究人員遞給她一對耳塞，因為接下來的實驗會發出震耳欲聾的聲音。

海莉躺在滑動床上，技術人員將一個「鳥籠」罩在她頭上。（有主角患癌症的電影是不會讓觀眾看到這個「鳥籠」的，因為若是將「鳥籠」罩在演員頭上，我們就看不到他們哭泣的臉龐了。）事實上，負責掃描的正是這個「鳥籠」，而海莉正在滑入的那個巨大的灰色環狀物僅僅產生了均勻磁場；大腦在磁場中的偏移才是「鳥籠」將要繪製的。

當技術人員打開掃描儀的開關時，它發出震耳欲聾的聲音，有如電鑽般強大的威力，以至於海莉在之後的匯報中說，她甚至可以觸摸到聲波。她的感受不限於此。當掃描儀掃描她的頭部時，她感覺全身在微弱地發麻。這種感知無法量化，但如同其他幾位測試參與者，海莉在掃描結束後，感覺異常平靜，彷彿磁場將她體內微小的紊亂都糾正了。最終，她的大腦習慣了噪音，如同任何不受新的外界刺激的大腦一樣——它開始走神。她做白日夢的時間段都在圖表上繪製下來了，工作人員花了六個小時處理這些數據。（在主角患癌症的電影中，那些即刻可見的數據圖像是又一個謊言。）緊接著，我們要的就在這——一抹抹憤怒的、相互嵌套交織的光。這是白日夢的肖像，用鐵藍色和紅色繪製的肖像。

一個做白日夢者的大腦在想些什麼？最終，這類圖像只是告訴我們一個大概的答案。儘管做一次九十分鐘的功能性磁振造影耗資九百美元，我們最終得到的也只是一幅如孩童的塗鴉般的畫面，一次對記錄八百六十億個神經元的運動的基礎嘗試。（假如我給你看一幅大腦掃描圖，對象是一個愛得痴狂的人或一個恐懼不已的人，你能從中真正瞭解到愛或恐懼是什麼嗎？）一個披頭散髮、名叫麥特・狄克遜（Matt Dixon）的博士生這麼向我解釋：「你知道嗎？這就像我們站在很遠的地方幫某樣東西拍一張快照——照片是真實的，卻也是模糊的。在這張圖像裡，我們看到每兩秒鐘內大腦發生的變化，事實上，每百分之一毫秒，大腦都在改變。所以，是的，這張圖像非常粗糙。它是有用的……但是有點粗糙。」

我們確實獲得了一些很能說明問題的提示。我們現在知道，當大腦不再關注外界，但依然保持清醒和警惕時（換句話說，當大腦開始做白日夢時），它會喚醒某樣被稱為「預設模式網路（default mode network）」——簡稱 DMN——的東西。這一預設模式絕不是一種不省人事的狀態。由南加州大學瑪麗・海倫・伊莫爾迪諾・楊（Mary Helen Immordino-Yang）帶領研究的 DMN 實驗結果表明，當我們對事物產生直接的注意力時，一個特定的神經過程遭到壓制，而在大腦切換成預設模式時，這個神經過程又得到了恢復。這一白日夢的 DMN 進程會處理個人記憶，進而讓我們獲得身份認同。[3]

一個「空白」的大腦究竟在運作什麼？有好幾種活動。首先，內側顳葉子系統會將記憶融入心理場景；背內側子系統負責推斷他人的心理狀態，再評價自我的心理狀態；前額葉皮層內側和後扣帶回皮層的作用似乎是根據外界和內在構建個人意義。對 DMN 掃描的第一次元分析（於二〇一五年匯編而成）發現，DMN 外部的重要大腦活動集群也是活躍的。[4] 總之，做白日夢時，大腦的各類功能是在進行一種緊張且多樣的集合。

然而，自始至終，我們的意識對這一忙碌的行為全然不知，因此，我們的思想（有時是真正偉大的思想）這時是在預期和理解之外的。這些思維是突如其來的。做白日夢時，思緒很像「無意義的幻想」，或「複雜的策劃」，抑或「創造性想法的生產過程」。無論它們的功用是什麼，這些思緒都是不請自來的。你可以把做白日夢稱作不受控制的進程，就像一顆心臟的跳動那樣。

當意識退居幕後時，大腦依舊超乎尋常地活躍，它獨自活躍著。大腦最大的一個把戲是它投射給我們的「空白」圖像：一條紫羅蘭色的窗簾擋住了前來干涉的自我，一塊有色螢幕壓制了那個被稱為「我」的指手畫腳的後座司機。我們的大腦於是能自由地「馳騁」，也就是說，它們能自由地做一些最高強度的工作。

英屬哥倫比亞大學實驗室的成立者卡琳娜・克里斯朵夫（Kalina Christoff）還是個學生時，研究自發思維和心智游離的課題並不熱門。如今，她依然覺得她同伴的研究工作對這一課題抱有偏見。「我們的文化鼓勵我們控制一切事物。」她這樣對我說。

失去控制的人會被認為是劣等的，於是不受控制的思維也遭到懷疑。我想，這一點可以追溯到一個最根本的理念：秩序來自上帝，而本能來自惡魔。我相信，這一偏見也滲透到了科學領域。

我想，我是閒則生非了。

克里斯朵夫是個嬌小的女士，她目光平和，說起話來有條不紊——她需要這樣的自信。在還是個大學生時，克里斯朵夫就展現出了與眾不同的興趣。當她的同伴想要研究分析性思維時，她更愛讓人們回答「頓悟式問題」——這些問題沒有明確的答案，需要一個「啊哈瞬間」才能解決。例如，參與者會拿到一支玻璃管（管中塞著一個蠟球），克里斯朵夫會遞給她一堆物件，要求她在不打碎玻璃管的同時取出蠟球。參與者必須突然頓悟，想到紙夾或紙片的一個全新用法，來得出答案。克里斯朵夫喜愛觀察這些「啊哈瞬間」——她無須一台核磁共振機器就能觀測這樣的瞬間。「人們的思維漫遊著，然後得出解決方案，這過程完全沒有傳統的邏輯可言。這令我印象深刻。」克里斯朵夫對我說。漫遊的思維管理的不只是個人記憶和自我意識，它也在解決現實世界中的問題。

我們容易將問題的解決過程想象成運用邏輯通往一個預先設定、無法逃避的答案，我們透過這一方式對事物施加掌控。但克里斯朵夫發現人們回答她的頓悟式問題時，反而依靠一連串十分有詩意的聯想。參與者最終得出的解決方案從未借助嚴謹的邏輯。（圖形字謎是洞察式問題的常見形式，例如，「sta4nce」指的是什麼？答案是：「For instance.」[5]克里斯朵夫發現，她周圍幾乎沒有人對人類才智的這一暗區產生過興趣。「這是未曾涉足的領域。」

克里斯朵夫在史丹佛念了博士學位，又到劍橋從事了一陣子博士後工作，隨後她回到英屬哥倫比亞大學，成立了她的實驗室。隨著第一批大腦掃描數據紛至沓來，克里斯朵夫把思維想象成一種依賴反作用力的肌肉系統，例如，彎曲手臂時，你屈伸了一塊肌肉，放鬆了另一塊肌肉；伸直手臂時，兩塊肌肉的運動狀態相反。同理，克里斯朵夫的全新見解是，協調良好的思維的專注力和潛意識是相互作用的。過分動用專注力或潛意識，都會破壞整個系統的運作。「我們的文化總是鼓勵我們練習專注力，」克里斯朵夫對我說，「但並不鼓勵我們體驗在獨處時會感受到的廣闊的思維模式。」

給予足夠的獨處和足夠的時間後，思維會轉入預設模式，在原先似乎完全隨機的聯繫中穿梭。此時的思維會用一種好奇和開放的狀態研究問題，這種狀態可能是我們從不會主動去選擇的，但這一隨機性至關重要。克里斯朵夫說道：「游離的思維，它的力量正是在於，它不會對任何事物進行刪減。它連接的事物是你在除此之外的狀態下不會聯繫起來的。」做白日夢是個從根本上說富於創造力的過程，克里斯朵夫說，因為做白日夢的人對千奇百怪的選項易於接受，還未出現在人群中的全新洞見和方法會呈現在獨處時的大腦中。與此相反，分析性思考、邏輯思考，都是對奇思妙想的排除和批判，這樣，大腦就能像帶有導向的激光，依靠手術般的精準去運作。學校訓練我們使用的那種清晰的分析性思維方式總是在壓制做白日夢時的思維可能會觸及的古怪或不大眾的想法。「分析性思維最適合用在處理定義明確的問題時，斟酌選項的優劣。」克里斯朵夫說道。但這種力量也有它的弊端，她說：「分析性思維是靈感的對立面。」

愛因斯坦就曾注意到思維的這兩種不同職責。美國學者鮑伯・桑普斯（Bob Samples）闡釋了愛因斯坦這一觀點：「直覺思維是神聖的禮物，理性思維則是忠實的僕人。我們創建的社會嘉獎這個僕人，卻遺忘了這份禮物。」[6] 愛因斯坦認為，事實上，做白日夢時思維的聯想能力是我們通向全新想法的唯一途徑。人們可以如此辯論——有這樣一條生產線：知識和對話被灌入了生產線的入口端，隨後它們會沿著軌道運輸，那軌道就是靜寂和白日夢。工廠的兩端對於生產至關重要的產品——洞察力——而言都是必不可少的。

牛頓幾乎是在完全與世隔離的狀態下苦心鑽研。牛頓度過了一個沒有夥伴陪伴的童年，之後他來到劍橋，那裡仍在教授荒誕的亞里斯多德物理學。在劍橋，牛頓並不快樂。隨後，在一六六五年，一場瘟疫在劍橋蔓延開來，牛頓不得不避居到位於伍爾索普（Woolsthorpe）的偏遠農場（這可能是瘟疫帶來的唯一好事）。正是在這個農場裡，牛頓被迫逃離大學社群，結果發現了運動定律和萬有引力定律。正是在這個農場——在農場的一個花園裡，而不是在大學講堂上——牛頓看到了一顆掉落的蘋果，並好奇蘋果為什麼會落地。[7]

愛因斯坦和牛頓這類物理學家位於我們最重要的思想家之列，他們很獨到地意識到獨處對於嚴肅思考的重要性。倫敦帝國理工學院（Imperial College London）的研究員費莉西蒂・梅勒（Felicity Mellor）批評現在的高等研究機構側重於營造合作社交的氛圍，而不惜犧牲獨自思考的時間。梅勒研究的機構都對學者間的交流展現出她稱為「近乎排他的關注」，用他們自己的話說，就是推崇「國際化的交流」和「協作式的研究項目」。位於倫敦的弗朗西斯・克里克研究所（The Francis Crick Institute）成立於二〇一六年，就是此類機構的一個典範：研究所的實驗室是開放式的，牆是玻璃製成的，以此來確保成員之間的協作。這一研究所的策略書宣揚「互動和位於每層樓中心的實驗設施會如何將科學家們會聚在一起」。

「對退出社群和獨處時光的需求，」梅勒寫道，「已不再被人們認為是促使知識進步的方式。」即使物理學界最重要的進展都是科學家們在或多或少離群索居的狀態下做出的，「沉默和無聲似乎在現代研究議程上無足輕重。」[8]彼得・希格斯（Peter Higgs）——諾貝爾物理學獎得主、「上帝粒子」之父——也同意梅勒的觀點。他說，他的開創性工作在今天是無法取得進展的，因為他在一九六〇年代享有的平靜和獨處時光早已不復存在。[9]我們只能想象，不成熟的研討會如何挫敗一個統一場論（unified field theory），又或者去破壞一個對伽瑪射線暴（gamma ray bursts）起源的解釋。

機構不能忽視獨處，個人也不能忽視獨處。我們都有日常生活為證，獨處的時光會讓我們飄蕩、游離的思維產生靈感。同其他人一樣，我會在世界還沒將任何噪音或是麻煩加之於我的大清早想出更好的主意（我那時甚至躺在床上），一個新穎的想法可能會在我洗澡時冒出來，或者在我喝咖啡時，我會模糊地意識到窗外鳥群構成的圖案。我的作家朋友幾乎都極其願意在大清早寫作。心理學家安東尼・斯托爾（Anthony Storr）也如此認為，他說：「迄今為止，我的全新想法中有大部分是在白日夢的狀態下產生的，這是一種介於甦醒和沉睡的中間狀態。」[10]就像大腦獲得了允許，在我們步態笨拙、官僚主義的思維理念繫上領帶介入之前，去經歷它天才的一刻。

隨著我們就這一話題深入探討，克里斯朵夫得出了驚人的哲學結論。「如果說我們的生活狀態偶爾會讓我們感到空虛，」她對我說，「那可能是因為我們沒有按照自己的想法去行事。我們沒有被允許深入地思考事情，我們被剝奪了思維漫遊時能給予我們的意義和快樂。」持久地望著雨點打濕的窗外可能和快速眼動（REM）睡眠一樣，能很好地整理我們的思維。

艾莉森・高普尼克（Alison Gopnik）——加州大學柏克萊分校廣受贊譽的心理學教授——將這一觀點進一步延展。高普尼克認為，我們在頓悟時刻獲得的快樂衝擊對於頭腦而言等同於一次性高潮。[11]畢竟，性高潮的快感只是我們身體動用的一個詭計，用快感作為激勵，來保證我們完成繁殖行為[12]；與此類似，頓悟時刻的快感可能也建築於我們的基因之中，以保證我們去進一步瞭解這個世界。這一觀點十分激動人心，假如我們已進化到能從全新認知中獲得巨大的快感，那麼，允許我們的思維漫遊時，我們也不是在不安地放縱自己——因為這對我們的成功和生存都至關重要。我們的人生藍圖需要思維漫遊。

我走到戶外美得無與倫比的白晝下，打了個噴嚏。我的大腦顳葉內側產生了一個自發的想法，但我的額頂控制系統隨即逮住了這個想法，繞過了白日夢進程，將我的思維集中到這一個關鍵點：在這附近，我能去哪裡吃到一份不錯的快餐？

二十分鐘後，我找了個地方坐定，決定給自己足足三小時來練習思維漫遊。我從沒有做過這麼長時間的白日夢，而克里斯朵夫也讓我覺得我的大腦或許正極度需要好好做一場白日夢。克里斯朵夫曾說，有「白日夢（daydreaming）」和「白日——夢（daydreaming）」之分。後者那發狂、游離的思維可以廣義地被定義為「思維漫遊」，但達到這一狀態需要先經過一段空白時間，隨後思維才能像我們期待的那樣產生全新的見解。真正的思維漫遊需要擺脫大腦的嚴格控制。

如何開始思維漫遊？在我們感到些許無聊時，思維游蕩得最為漫無邊際，因此，沒有目標地散步似乎是激起思維漫遊的不錯選擇。我穿過烈日炙烤的校園，沒有特別想去哪裡，接著，關閉將會蓄意搗亂我做白日夢的電子設備。我的手機處於關機狀態，被我塞在褲子後面的口袋。考慮到一些有價值的事會突然發生，我隨身帶著筆記本和鋼筆。

我離家非常遙遠，離我的朋友們也很遙遠，（最重要的是）離那台我難以擺脫的筆電也遠遠的。我頭一次有三個小時美妙的空閒時間。我小心翼翼地將這個陽光燦爛的午後留給了自己，開始歡呼雀躍地繞著校園漫步，去一個無人知道的地方。一個無人知道的地方。但什麼白日夢都沒來。

我所有能想到的就是思考本身。「我將要做白日夢⋯⋯」我的大腦這麼說道。隨後，我又自發地反駁道：「現在我正在審視我想做白日夢的願望⋯⋯」這一想法又令我焦慮：「現在我覺得我不該讓自己想做白日夢⋯⋯」鏡像的殿堂又延伸了幾步遠，我搖了搖頭。這樣想下去會令我發瘋，或者會令我進入我試圖躲避的分析性思維。我需要讓我的思維接管方向盤，我需要讓我的思維不受妨礙。這不容易，需要謹小慎微，就像用手把蛋黃和蛋清分開一樣。你得身手敏捷。

一旦內心的焦慮得以釋放，我的大腦就安頓下來了，並且十分神奇地，它開始在閣樓的奇怪箱子中拾荒。

舉個典型例子。我首先想到佛洛伊德曾說過：「我們可以得出結論：快樂的人從不會做白日夢，只有不快樂的人才會。」[13]我的大腦回憶起佛洛伊德這句令人酸楚的名言，它出自佛洛伊德就創造性作家和白日夢之間的關係寫的一篇文章。我發現他的觀點既沉悶又正確：沒有人會無端地仿造現實，除非現實缺了什麼東西。當碧雅翠絲・波特（Beatrix Potter）[14]還是個小女孩並編造起穿帥氣夾克的兔子故事時，她是個孤獨的孩子，需要一些夥伴。而當莫內畫出印象派的睡蓮時，他是一個對傳統自然觀極為不滿的人。作家和藝術家的創作是建立在不滿之上的。我們走過的世界和我們內心的世界之間的落差，促使一些人試圖在這兩者間架起一座橋梁（這座橋梁可能是一本有關兔子的書，也可能是一幅印象派的畫作）。一個非常幸福的藝術家是不會成功的。

我驚愕地看著自己走到的林間小徑時，我想：「不，做白日夢的人是不會完全滿意現狀的。」但還有其他什麼嗎？這三小時的閒暇時光是份瘋狂的奢侈品，我也意識到不是每個人都能輕易地利用好這段閒暇時光。維吉尼亞・吳爾芙（Virginia Woolf）在《自己的房間》（*A Room of One's Own*）一文中已闡述得非常精準：假如女性能在平和、安靜中讓思維漫遊，那麼會有更多偉大的女性作家誕生。歷史上的女作家們總是在社會和孩子的壓力下被迫倉促地寫下一行行文字，吳爾芙希望女作家們在將來可以「無所事事」，並可以「到街角閒逛，讓思維陷進意識的深處」。[15] 我們必須在到達「幻想境界」之前贏得獨處的權利，斯托爾寫到，因為在這幻想的境界「會有更多新的想法湧現出來」。[16]

我身為作家的大腦中浮現出幾個文人，他們都曾捍衛過自己漫無目的的遐想。我首先想到的是幾位詩人的名字：華茲華斯、拜倫、普拉斯（Sylvia Plath）、梅薩藤（May Sarton）——不管是到英國湖區的茅舍裡隱居，還是用其他更為乖戾的方式離群索居，他們都擺脫了人群。詩人里爾克（Rainer Maria Rilke）在他一封著名的信件中總結了這些人的計謀：「愛你的獨處時光，去歌唱獨處時你感受到的痛苦。」[17]

我已來到岸邊，來到校園西部邊界上的一片裸體沙灘。夕陽將海浪照成古銅色，一名男子在海裡游泳。他獨自一個人，赤身裸體，沒有明確的方向。他翻騰的手臂吸引了我長時間的注意，我想起了一些事情——很奇怪，是卡夫卡。我想起弗蘭茲・卡夫卡就曾坦言他需要獨處的時光來做白日夢：「寫作是完全的獨處，是下沉到自我冰冷的深淵。」是冰冷的海水讓我想起了卡夫卡嗎？有個關於卡夫卡未婚妻菲利絲・鮑爾（Felice Bauer）的故事。鮑爾曾說她想坐在卡夫卡身邊看他寫作，於是卡夫卡寫了一封信給鮑爾，說她的陪伴會毀了他的作品。「一個人在寫作時再怎麼孤獨都不為過，」卡夫卡對鮑爾說，「再多安靜都不為過……甚至是夜晚都不足夠萬籟俱寂。」[18]於是，兩人解除了婚約。

半小時後我沿著小徑走回校園時，這些記憶碎片在我腦中徘徊。我把我聯翩的浮想想象成某個原生水坑中的鬆散的基因物質，它們聚集，再聚集，從彼此那裡竊取蛋白質大小的想法；它們演化出稍稍有所變化的想法，以更加適應它們獨特的環境，也就是我的思維。

這僅僅是我生命中的三個小時，我可能沒有冒出任何驚天動地的想法，沒有真正發現什麼，但我依然意識到思維漫遊對新見解的誕生而言是多麼重要。如果一個人沒有精神工作室去錘鍊、去組合他人的思想，我們是無法得出自身的獨特見解的。（我擔心，如果我不能為自己打造這麼一個精神工作室，我還能寫出我的著作嗎？）不去做白日夢，我們的思維就只是鸚鵡，或者更糟糕，是電腦。白日夢是全新世界的工程師。

而我也發現，我在這個下午真正「創造」出的是我躲開塵世紛爭的思維的新路徑、新體系、新模式，總體而言，我的這段白日夢是不切實際、含混不清的。我為何會想起佛洛伊德？我又為何會想起卡夫卡？腦海中那些成千上萬轉瞬即逝，還來不及連詞成句的想法呢？這個過程和笛卡兒觀點中的思維完全不同——我們本身的「小我」理性而目的明確，在大腦的指揮下，引領著我們通往一個至高無上的結論。相反地，一個做白日夢者的大腦並不太在意思維的終點，那是它難能可貴的地方。它在一座無邊無際的圖書館中遊蕩，像孩子一樣撫摸著一排排書籍。

光線漸漸變暗。操場上突然變得冷清，我想到了阿基米德的一個形象。他赤身裸體，在雅典的街道上奔跑，口中喊著那句著名的「尤里卡！」（是那個裸泳者將浴缸的場景帶入了腦海嗎？）阿基米德靈光一閃便解開了浮力的謎題，借助水的浮力從浴缸中一躍而起，但做白日夢或許並不是為了類似「尤里卡」這樣的時刻而存在。其實，我們做過的大多數白日夢並不高貴、重要、有用。我們的好奇心沿著馬路走下去，帶著不知羞恥的混沌走進了死胡同。

我不禁顫抖。場景突然變成了一個涼爽清幽、綠茵蔥蘢的傍晚。我的雙腳往公車站走去，我的身心遊蕩著，不知去向。

令人悲傷的是，關於阿基米德的那種白日夢並不是隨隨便便在森林中走一走就能遇到的。一個讓人不願面對的事實是，做白日夢也是要練習一番才能做得好，而我們疏於鍛鍊。我們會注意到自己休閒的方式有本質上的不同嗎？在公園冥想一小時和玩寶可夢是不同的。當羅素（Bertrand Russell）寫下《閒散頌》（*In Praise of Idleness*）的時候，他寫道：「必須承認，能睿智地度過休閒的時光是一種文明和教養的體現。」[19]

「睿智地度過休閒時光」這種想法也許會讓我們感到驚訝。普立茲獎得主塞巴斯蒂安・德・格拉齊亞（Sebastian de Grazia）認為睿智地度過休閒時光不僅僅是文明的產物，也是那種文明是否成功的試金石。他寫道：「也許你可以透過一種文明下人們無事可做時的狀態——比如，躺在床上沉思，漫無目的地散步，坐著喝咖啡——來判斷他們的心理健康狀況，因為能夠什麼也不做、任思緒隨意馳騁的人，一定有著平靜的內心。」[20]

這些話讓我想起了在餐館外穿著麻布襯衫的男人們，他們抽著煙，看著卵石路；他們讓我想起了戴著鬆垮的帽子的女人們，她們吃著冰淇淋，熙熙攘攘地跑下波多黎各陰雨的海灘。以德・格拉齊亞的眼光來看，白日夢應該放在生活品質指數中，和識字率的重要性不相上下。以他的標準來看，在忙碌的世界中，一切都顯得那麼貧窮、飢餓。

同時，我開始玩 Candy Crush 這類應用軟體以作消遣，因為我們的文化不願也不能帶來一個更加精緻、成熟的休閒方式。過去，我們認為魔鬼喜歡懶惰的雙手，所以我們為了安全，交出了雙手。現在，我們渴望證明我們的高效和成就，也許正是這種急於證明自己的慾望，使我們的獨處更容易被利用。

1 Timothy D. Wilson et al., "Just Think: The Challenges of the Disengaged Mind," *Science* 345, no. 6192 (2014), 75–77, http:// www.sciencemag.org/content/345/6192/75.

2 James Boswell, *The Life of Samuel Johnson*, vol. 3 (Boston: W. Andrews and L. Blake, 1807), 115.

3 Mary Helen Immordino-Yang, Joanna A. Christodoulou, and Vanessa Singh, "Rest Is Not Idleness: Implications of the Brain's Default Mode for Human Development and Education," *Perspectives on Psychological Science* 7, no. 4 (2012): 352–64.

4 Kieran C. R. Fox et al., "The Wandering Brain: Meta-analysis of Functional Neuroimaging Studies of Mind-Wandering and Related Spontaneous Thought Processes," *NeuroImage* 111 (2015): 611–21.

5 編注：數字4的英文（four）和「for」諧音。

6 Bob Samples, *The Metaphoric Mind: A Celebration of Creative Consciousness* (Boston: Addison-Wesley, 1976), 26.

7 編注：關於牛頓所述的那棵蘋果樹的屬地，並沒有定論。

8 Felicity Mellor, "The Power of Silence," *Physics World* 27 (2014): 30.

9 同前。

10 Anthony Storr, *Solitude* (1998; repr., New York: Free Press, 2005), 198.

11 Alison Gopnik, "Explanation as Orgasm and the Drive for Causal Understanding," in *Cognition and Explanation*,

ed. F. Keil and R. Wilson (Cambridge, MA: MIT Press, 2000), 299–323.

12 這裡我是以異性戀而言。

13 Sigmund Freud, "Creative Writers and Day-Dreaming," *Standard Edition of the Complete Psychological Works of Sigmund Freud*, vol. 9, trans. James Strachey (London: Hogarth, 1959), 146.

14 編注：英國作家、插畫家。彼得兔的創作者。

15 Virginia Woolf, "A Room of One's Own," in *The Norton Anthology of English Literature*, vol. 2, (New York: Norton, 1983), 1983-4.

16 Anthony Storr, *Solitude* (New York: Free Press, 2005), 198.

17 Rainer Maria Rilke, *Letters to a Young Poet*, trans. Stephen Mitchell (New York: Vintage, 1986), 41.

18 Franz Kafka, *Letters to Felice*, ed. Erich Heller and Jürgen Born, trans. James Stern and Elisabeth Duckworth (New York: Schocken Books, 1973) 155–56.

19 Bertrand Russell, "In Praise of Idleness," *Harper's Magazine* (Oct. 1932).

20 Sebastian de Grazia, *Of Time, Work and Leisure* (New York: Vintage, 1994), 341.

4 白日夢殺手

地鐵上，我被兩個穿著海軍制服的高大男人夾在中間，他們兩人都專心致志地在玩Candy Crush。我想，我也許可以花幾分鐘時間在想象中的林中空地遊蕩。不過正好相反，被人類的使命感染的我放棄了自己做白日夢的時間，只為了看看他們閃閃發光的手機螢幕。我們三個人隨著列車有節奏的晃動搖擺著，遊戲裡的糖果不斷往這兩個中年男人的手中掉。我在心裡悄悄地指點著：「哎不錯、哎呀可惜了……」

Candy Crush 的玩法超簡單：各種誘人的糖果在螢幕上的一個小格子裡出現，玩家調整糖果的順序使其連成一排，然後這些糖果會發光，隨即消失。上方的糖果落下時便會將之前空出的方格填滿，產生新的組合。

這個遊戲的開發商——King 公司（King Digital Entertainment）——在二〇一五年第一季度每天獲得十六億次玩家上線的成績。科技部落客們驚訝地發現，Candy Crush 的利潤超過了任天堂的所有遊戲。其實，King 公司的遊戲額外付費內容（In-App Purchase，簡稱 IAP）帶來的利潤和其他收入變得非常可觀，於是這家公司被動視暴雪公司（Activision Blizzard）——《決勝時刻》（Call of Duty）與《魔獸爭霸》（Warcraft）系列遊戲製造商——於二〇一五年以五十九億美元收購。[1]這樣普通的小遊戲是如何引發上癮行為的呢？這不只是因為我們對糖上癮，儘管當我們看見這些糖果的形狀，就不可避免地想起那些出現在賭場吃角子老虎機轉盤上的櫻桃和西瓜。這些如雨點一般掉落的糖果似乎觸發了某種原始的東西。實際上，我們不是在玩 Candy Crush，而是在被它玩。

原因之一是遊戲迴路（ludic loops）。這是一種迎合我們的本能、迎合盲目的遊戲需求的短週期重複行為（和更加成熟、有始有終的遊戲態度相反）。行為心理學家發現，人們沉迷在這些小小的重複的循環中，一次又一次地進入這種狀態，根本不想停下來。一點點多巴胺都有巨大的作用。發現相同的圖案很有效果，人們最擅長從尋找規律中享受樂趣。（這就是嬰兒喜歡玩積木以及吃角子老虎機器前的賭徒只有在膀胱快爆的時候才會停下來的原因。）這種本能在 Candy Crush 中被加強了，找到相同的圖案——連成一排的糖果——會帶來一種更大的快樂：遊戲界面會出現「太棒了！」或「好極了！」的字樣，使玩家獲得積分。一次不只積一分，而是幾百分。

當我站在那兩個玩家中間時，我發現自己也進入了這種循環——遊戲迴路將我們帶入了「機械模式（the machine zone）」。麻省理工學院文化人類學家娜塔莎・道・舒爾（Natasha Dow Schüll）花了多年時間研究這種上癮的狀態。「在這種機械模式中，」她告訴我，「人們就好像站在漲潮的水中，或震耳欲聾的警報聲中，他們是不會停下來的。」下面就是她研究中的例子，而且這些例子毫不誇張：

> 對於一個進入機械模式的人來說，當失去存在的感覺時，他就會看到一個隧道般的景象，甚至會覺得身體疼痛。他覺得自己和機器連在一起，好像要與它融為一體。我不只是在說他的手指，他的意識也會與這個遊戲的意識連在一起。真正的他不復存在。他已經消失了。[2]

一個處於機械模式的人，只有機器的陪伴，卻不是一種獨處的狀態。如果是獨處，那麼會是很有意義的狀態，但是，一個處於機械模式的人已經完全放棄了這種狀態。Candy Crush 最好的地方就是摧毀孤獨。換句話說，它就是一種入侵物種，控制了本該屬於獨處的領域。

舒爾在研究吃角子老虎機器的核心玩家時發現了機械模式，然而，現在這個模式的概念已經進入有關遊戲和 app 的談話。「賭博與我們手機中的 app 存在著某種相似性，」她告訴我，「我發現，科技與賭博結合得日益緊密。」她的話讓我大吃一驚。

不過，科技與賭博的區別在於，矽谷能大方討論「成癮」的技術，還能贊助一個「行為設計專家」來引導他們進行創作，而不管賭場採取怎樣的經營手段，它們都會被當成壞蛋。我們聽到賭博就會皺起眉頭，但是看到那些設計成癮技術的人會佩服得五體投地，卻沒發現，後者和前者並沒有本質上的區別。用一種掩人耳目的科技，矽谷會把拉斯維加斯的那些賭場遠遠甩開，因為矽谷已經創造了機器學習和自適應算法（adaptive algorithms）。科技與賭博的融合使我們的生活充滿了遊戲迴路和機械模式的催眠藥。

結果，白日夢持續的時間變短了，因為處於機械模式的心智從不游移，反而被無情地拴住了。做白日夢的大腦是十分清醒的，而處於機械模式的大腦只會進入虛假的睡眠模式。

Candy Crush 和下一代成癮 app 會將用戶拉入一種反獨處的模式。玩家可能看上去很孤獨，但是他們和吃角子老虎機前的賭徒一樣，獨處的自給自足狀態和開放狀態已經被遊戲設計中尋求快樂的偏見消除了，而這種偏見傾向於一種虛無主義。舒爾告訴我，一個人處於機械模式時，是沒有任何目標的。當我們看到部分中國青少年穿著紙尿褲玩網路遊戲，以免浪費時間去上廁所時，我們可能覺得他們瘋了。那個青少年瞪著眼睛；他覺得自己在做正事、在獲得什麼，其實他只獲得了一種遊戲迴路。這個系統的重點就是更多的系統。

除了上癮本身，那些遊戲迴路還可以用作其他途徑。那些發明遊戲迴路的人更擅長將孤獨轉化為利潤，將忙碌注入之前獨處的時間。於是，科技公司無中生有，創造了「價值」。

這很簡單，也經常發生。例如，從二〇〇六年到二〇一一年，Google 推出一款叫作「Google 圖片標注器」（Google Image Labeler）的在線「遊戲」（可以在照片上加標籤）。玩家會隨機看到一張圖片，然後隨意添加任意數量的標籤。當玩家添加的標籤與另一個玩家添加的標籤一致時，兩個玩家就可以得分。快速、衝動的行為得到了一種無休止的積極回饋，就像吃角子老虎機的獎勵系統。Google 圖片（Google Image）的數據庫贏得了一大批免費勞力——玩家就是免費的工人，他們的貢獻使搜索引擎的性能更加強大，也讓 Google 獲利更多。而 Google 需要做的就是建立一個遊戲迴路，剩下的就交給人性的驅動力了。

二〇四一年時再回頭看現在，會是什麼樣子？我們一起穿越到未來……山謬・弗洛雷斯（Samuel Flores）選擇成為一個「數位奴隸」——至少他的父母對他們的朋友是這麼說的。他三十三歲，每天早上從母親家裡的地下室出來，拿著他的筆電去公園。他在那裡玩六個小時遊戲（主要是按讚和分享推廣內容），同時從藍籌公司（Blue-chip Company）那裡獲取積分。與印度那種老式的「水軍」不同——那裡的工廠工人會「喜歡」內容或「關注」付費用戶——山繆是幾百萬個自由的刷單員工之一，他們的報酬不是現金，而是粉絲數。山謬很清楚，這些粉絲大多數是機器人，但是這不重要。這是一份輕鬆而長久的工作，他對自己的事業既上癮又專注。他相信自己的未來前途光明，他相信自己不會一直做一個「奴隸」，但他還沒有時間計劃未來。他在建立一個大到能實現他的自由的品牌，到那個時候，他就不用吃母親做的義大利麵了。

對一個追求短期利益的媒體巨頭來說，一個漫遊悠閒的頭腦是一種浪費，怎麼能把所有時間和精力用來胡思亂想？！將人一生中的閒暇時間也派上用場——讓幻想的深井乾涸——已經成了現代人的一種使命。

這源於十六世紀晚期，當西方文明越來越追求精確——如日期、距離、概率，對生命的測量就束縛了我們的新理性主義。時間管理這種理性表現是最明顯的。在那個世紀，鐘錶開始走進尋常人家。就好像出於同情，節省時間的機器如雨後春筍般激增。之後的兩個世紀中，人們發明了耕耘機、電腦、鋼筆、打穀機、動力織布機、縫紉機、打字機、汽船，這些機器只有一個偉大的目標——提高效率。

這種測量時間並使其效率最大化的衝動變得非常普遍——人人都變成了這樣——於是引發了十九世紀的工業革命：工人們分工配合，他們的動作和日程被鐘錶、吹哨聲、工廠鈴聲安排得井然有序。用機器來計時使工人們的效率大大提高。這種穩定的勞動力分配方式在十九世紀末隨著泰勒主義（Taylorism，也被稱為科學管理）達到了頂峰，它榨乾了勞動力，讓他們像齒輪一樣不停運轉，弗雷德里克・泰勒（Frederick Taylor）的理論在後來激發了亨利・福特（Henry Ford）著名而高效的生產線。

一八八〇年代，電梯和摩天大樓重新分配了勞動力，人們被塞進更加高深、抽象的環境中。這個事實激發弗里茨・朗（Fritz Lang）創造出他的夢幻電影《大都會》（*Metropolis*），電影中，步調一致的工人們做著沒有靈魂的機械工作。阿道司・赫胥黎（Aldous Huxley）面對這樣的事實，在他的《美麗新世界》（*Brave New World*）的前言中宣稱：「在一個科技發達的時代，低效就是對聖靈犯的原罪。」[3]

到了一九五〇年代，迪克・崔西（Dick Tracy）[4]和他的無線電手錶（Radio Watch）成了對抗閒暇的戰爭中的典型。崔西神通廣大，做什麼都能成功。（不能浪費一秒鐘！）這種技術帶來效率的幻想非常吸引人，所以 Seico 和 Linux 品牌在一九八〇到一九九〇年代都提供高層員工電話手錶。這比任何軟體都要早地滿足一個高層員工的虛榮心。

網路軍備競賽在一九九八年經歷了一個轉折點。當時，加拿大滑鐵盧（Waterloo）一家叫作行動研究（Research In Motion）的小公司推出了第一批可以連通電子郵件信箱的機器：黑莓機（Blackberry）。很快地，厚重的文件時代便結束了。從那時候開始，交流變成了無線的、移動的、隨時的——一個黑莓機，帶來了一場移動盛宴。黑莓機鎖定的是美國的管理階層，他們覺得自己不僅是社會的中堅力量，而且有一種引導技術革新的潛力。每位 CEO 都幻想變成一隻章魚，能同時接觸到各個面向。一九九八年，黑莓機將這個幻想變成了現實。

今天，蘋果手錶這樣的可穿戴科技產品又將之前的產品甩在身後。以「超級英雄」標誌（迪克・崔西裝備）開始的管理階層標配功能首先變成了「商人」的必需品，最終成為普通大眾工作的基礎設備。我們現在都是迪克・崔西。

成為超級英雄（或者至少成為一個有內涵的人）的承諾誘使我們沿著這條路走下去，遠離做著白日夢的自己。這個承諾是這樣的：使用這個工具，你會變得更聰明，你會更高效，你將變得更加積極，你會影響更多的人；要是沒有這個工具，你自己是不可能做到這些的。

我們的技術讓我們相信，獨立的思維是毫無價值的，如果不能借助外力，我將成為一個無用的白痴！我們相信，我們的腦力勞動只能透過這些工具來改善，摧毀獨處的技術一定是來賦予我們靈感和力量的。無論我們是在玩 Candy Crush，還是在以川普為題Twitter，這種增強的參與感始終存在。我們將孤立的人類心靈與讓我們走向更高效的技術結合起來，卻忘了獨立的思維有其自身的優點。

前《連線》（*Wired*）雜誌編輯克萊夫・湯普森（Clive Thompson）在他的著作《比你想象中更加睿智》（*Smarter Than You Think*）中提出，網際網路讓我們成為「半人馬」，我們享受著一種含混的狀態，在這種狀態下，我們對朋友和同事的環境意識（ambient awareness）會達到超感官水準。用湯普森的話來說，我們變成了「談話的思想家」。

他認為，當我們成為這些半人馬時，「我們正在自我擴充」。[5]這個觀點很有趣。新技術不能開拓出新的道路這一看法是非常錯誤的。單單大數據分析的出現就為醫院瞭解病人病情、政府回應公民的訴求以及學者發掘檔案，帶來了巨大便利。

但是在網路上進行思考會讓你成為最聰明同時也最愚蠢的人。我有時會沉迷於一種「雙軌式談話」（tandem-talk），例如在電話聊天的同時，在網路上搜索相關資訊。「天哪，」我的朋友最終說道，「你對海猴的瞭解真多。」我有多少次在網路上瘋狂地進行思考，在我的瀏覽器上打開十個標籤頁，從各種雜誌、報紙上收集各種訊息，嘗試著拼貼出一個願景呢？這相當於使用噴射背包奔跑。

每當我把手放在電腦的鍵盤上時，我都會受到深深的誘惑。想想看，用羽毛筆和鋼筆在紙面上寫字該多麼緩慢……與用鍵盤打字的速度相比，這種思維方式該多麼令人沮喪。想想與品味最糟糕的電腦用戶喜歡的字體相比，鉛筆的字跡是多麼沉悶。相信機械的奇跡很容易——它那迷人的高效率，它那整齊的新羅馬體字母——讓我們書寫東西，讓我們的想法變得更強大。

當然，在網路出現的許多年前，我們就開始將技術與思維方式融合。這種慾望在一九四五年夏天變得越發明顯，當時，麻省理工學院一位名叫范內瓦・布什（Vannevar Bush）的工程學教授提出一個問題：現在第二次世界大戰結束了，美國科學家應該將精力集中在什麼事上？只有布什——一個直率而聰明的人——有資格提出這個問題；他曾在戰爭期間擔任美國科學研究院的負責人，為六千名科學家指明了歷史上最偉大的軍事目標。到了和平時期，布什的興趣轉向更加人性化的目標，他在一篇題為〈我們可能會想〉（As We May Think）的開創性文章中簡述了他對武器的新號召。這篇文章發表於七月的《大西洋月刊》（*Atlantic Monthly*）[6]，在文章中，布什想象出一種名為「記憶延伸（Memex）」的東西，它與一九四〇年代人們對網路的想象很相似。布什用「半人馬」這個術語來看待它：它將是「機械化的私人檔案和圖書館」。他寫道：「Memex是個人存儲其所有書籍、記錄和通信的設備，它是機械化的，因此具有快速和靈活的優勢。這是對個人記憶的放大化補充。」它看起來大致像一張桌子，上面有一個鍵盤、一套按鈕和槓桿。布什想象的可能就是我們稱為非常「傑森一家」（very Jetsons）[7]的東西。

基於這種緊湊承載世界知識的工具將提供新的學習方式，我們會發現新的創造形式。事實上，新的學習策略和思考策略對現代人來說是必不可少的，布什意識到：「人類已經建立了一個如此複雜的文明，他如果要將他的實驗推向合乎邏輯的結論，而不僅僅是透過消耗他有限的記憶而陷入困境，就必須將其數據進行機械化管理。」數據充斥著二十世紀的世界，人類突然需要一個助手來管理一切。我們的大腦不再能獨立運作。

至關重要的是，布什還想象到，儲存在 Memex 中的數據可以被轉移，並與他人共享。「世界上將出現全新形式的百科全書（維基百科的幽影），」他寫道，「律師可以接觸到來自自己、朋友、權威部門的相關意見和決定。」

在想象這個迷人的數據沙龍時，布什無法猜到社交平台技術在悄然影響著我們。然而，七十年後，很明顯，任何東西要想在網路上傳播、擴張，就必須失去隱私。那種 Memex 的思維、那種被技術推動的思維，總是有成為蜂巢思維的危險。不可避免的是，它永遠偏愛人們的分享。

與此同時，我們經常忘記區分 Memex 所擅長的和我們所擅長的。我們的電腦不會為我們做白日夢。早在一八四二年，阿達・洛芙萊斯（Ada Lovelace，拜倫的女兒）就成了第一個指出這一點的人。寫到關於第一部概念化電腦——查爾斯・巴貝奇（Charles Babbage）[8]的分析引擎（Analytical Engine）——的話題時，洛芙萊斯發現有必要解釋一下電腦理論的原始文本是怎麼來的，她所講的裝置不是一台「思考」的機器。她知道可以計算複雜的數學問題的機器會被誤認為有靈魂和心智，所以，她寫道：「分析引擎不能創造任何事物。它可以做的只有我們命令它做的事。」、「不能創造任何事物」，洛芙萊斯的話似乎預示著畢卡索後來的名言，他說，電腦並沒有讓他感到興奮，因為「它們只能給你答案」。

現在的問題是，我們能否將徘徊不定的思維轉變為正確的、耐心的冥想，讓我們的好奇心遠離數位化的羞辱，讓它遠離上癮、虛無主義的愚蠢循環和社交的吸引力，讓它能向著孤獨的未知領域蹣跚而行。

我們可以很容易地瞭解到，白日夢是引導詩人進步的關鍵，或者是幫助捲髮的量子力學教授關上外界大門的關鍵。但我們常常認為普通人不適合持續地做白日夢，我們也常常被其他人給我們帶來的焦慮所控制。

因此，選擇一種精神上的孤獨是一種破壞性的行為，是對遊戲迴路工程師和社交媒體大亨計劃的真正破壞。選擇獨處是一種浪費。一個偶然的機會，我發現了但丁・加百利・羅塞蒂（Dante Gabriel Rossetti）一八八〇年的繪畫作品《白日夢》（The Day Dream）。我看著這幅作品想：「這個人明白這種感受。」設計師威廉・莫里斯

（William Morris）的妻子珍・莫里斯（Jane Morris）坐在一棵梧桐樹下，腿上放著一本被遺忘的書。一朵花（金銀花）從她的手上落到書上，而這個女人——自豪而蒼白，閃著前拉斐爾流派的光芒——盯著畫框外，迷失在她的遐想中。她面無表情。觀看者可能會對此感到好奇，卻讀不出她的心境。羅塞蒂在隨後的一首詩中寫道：「深邃的天空都不如她的面容深邃。」[9]

這個空想家就像她坐在其下的樹，忘記了令人面紅耳赤的工業計劃。我們能瞭解，如果有人出現並讓她的心智「投入實用的事情」，那麼，她從這次打擾中也不會有太多收穫。

羅塞蒂沒有被核磁共振掃描腦部，沒有做精神分析師的研究，也沒有 Facebook 來篩選數據記錄。但他懂。他懂得讚美坐在梧桐樹下的空想家。讚美空想家，然後不去打擾她。

至於我自己，我開始意識到，享受孤獨需要比偶爾的白日做夢付出更多。白日夢只能激發我的胃口，而我想要得到更多。我想在自己周圍畫出更大膽的線條，但這樣做代表著要弄清楚我到底是誰。最後，「人群」在哪裡結束，「我」從哪裡開始？

1 Dean Takahashi, "Candy Crush Saga Maker Reports Strong Q1 with $569M in Adjusted Revenue and 61 Cents-a-Share Profit," *VentureBeat*, May 14, 2015, http://venturebeat.com/2015/05/14/ candy-crush-saga-maker-king-beats-wall-streets-expectations/; Eli Hodapp, "Candy Crush Made More Money Than All Nintendo Games Combined Last Year," *Toucharcade*, May 30, 2014, http://toucharcade.com/2014/05/30/candy-crush-made-more-money-than-nintendo/; Chris Morris, "Why Activision Spent $5.0 Billion on 'Candy Crush' Creator King Digital," *Fortune*, Nov. 3, 2015.

2 Interview with the author, May 12, 2015.

3 Aldous Huxley, foreword to *Brave New World*, 2nd ed. (New York: Bantam Books, 1953), xxviii.

4 編注：美國動作電影《迪克・崔西》中的主角，警局探長。

5 Clive Thompson, *Smarter Than You Think* (New York: The Penguin Press, 2013), 11, 18.

6 Vannevar Bush, "As We May Think," *Atlantic Monthly*, July 1945.

7 編注：此說法應來自於卡通《摩登原始人》（*The Flintstones*）的未來版《傑森一家》（*The Jetsons*）。

8 編注：英國數學家、機械工程師。

9 Dante Gabriel Rossetti, "The Day-Dream," in *Collected Poetry and Prose*, ed. Jerome McGann (New Haven: Yale University Press, 2003), 194.

「當你決定做自己的時候，美就產生了。」

——時尚設計師　可可・香奈兒（Coco Chanel）

第二部

Who Do You Think You Are?

你覺得你是誰？

5 風格

一九二四年深秋，一個晴朗的下午，一位男士走在倫敦的羅斯貝里大街（Rosebery Avenue），吸引了路人的目光。珊瑚色和黃玉色的珠寶戴在他的雙臂上，隨著他的步伐叮噹作響，帶動雙手不停地震動。他的臉上塗著橘色的脂粉，被朱色的嘴唇和年輕女性都不敢嘗試的眼影襯得更加顯眼。他頂著一頭深紅色的頭髮，髮絲隨著他的步態來回搖擺。這個男人和一個迎面走來的朋友聊了一下，他的聲音和他的外貌一樣令人震驚：說話時似乎每個詞都藏著某種暗示，而不是平鋪直敘。

在轉角處，一群無所事事的人跟在他後面。他試圖趕緊離開，但是他們緊隨其後。有人冷笑道：「你以為你是誰？」

一個人抓住他的喉嚨，另一個人抓住他的胯部，還有一個又抓他喉嚨又抓著他胯部。他們越發囂張，因為每次的侮辱都不會受到懲罰。當他甚至稱呼他們中的一位為「先生」時，毆打開始了。他被撞倒在地，他努力護自己的臉，讓它免受拳腳的傷害。他設法跳進經過的計程車，但是他們把他拖了出來並將他撞倒在地。最後，那個男人拖著受傷的身體來到芬斯伯里市政廳（Finsbury Town Hall）的門口，對他的攻擊者說：「我似乎讓你們感到不爽了。」[1]那些暴徒笑了起來，然後走了。

這是英國作家昆汀・奎斯普（Quentin Crisp）生活中的一件小事。他從未對襲擊他的人感到驚訝（他小時候就遭受過很多暴力），相反地，那天下午讓他感到驚訝的是，他竟然沒有被打死。

在一九二〇年代，同性戀行為在英國仍然是非法的，而奎斯普（一個典型的同性戀者）知道這代表著他的性取向是犯罪行為。然而，他沒有選擇隱藏自己的身份。社會可以使奎斯普成為一個異類，但它無法讓他變成另一個人。因此，當絕大多數同性戀男女帶著折磨人的祕密生活的時候，奎斯普在街上公開展示自己，因此經常遭到毆打。

這些毆打都沒有阻止奎斯普。這引出了一個問題：為什麼一個男人寧願承受暴力，也不願擦掉妝容，訓練自己學會英國男士的步態和舉止？為什麼要把事情搞得這麼難？口紅、珠寶，他誇張的「風格」——他堅定的存在方式——是一種深刻的政治行為。許多年後，記載當年遭遇的回憶錄已經成了他的暢銷書。他自稱「英國莊嚴的同性戀者之一」，然後搬到了紐約，在那裡，計程車司機為了要他的親筆簽名，讓他免費搭車。大衛・萊特曼（David Letterman）[2]和他一起在電視上大笑，奎斯普用這種方式公然表達了他的個人風格：「當你看到我走在富勒姆路（Fulham Road）上時，你會想：『這裡有個同性戀。他似乎不會造成什麼傷害。』你會想：『他們必定有自己的生活。他們總不能二十四小時都在同性戀酒吧裡，他們必須正常地生活。』」[3]

他們必須正常地生活。對我而言，這似乎是形成個人風格最明顯的原因。我們告訴彼此，埋藏在文化的所有共同表象之下，我們在這裡，我們是活生生的人，我們不會被從眾的泥沼淹沒。這樣，「人類」才能前進一小步。

傳記作家邁克爾・霍爾羅伊德（Michael Holroyd）寫道，奎斯普「代表後見（Postjudice），與偏見（Prejudice）的對立」。[4]換句話說，奎斯普認為，已存在的想法和意見應該始終被懷疑，人們應該不惜一切代價發展自己的想法和感受。奎斯普認為，勇敢地做自己無疑是一種革命性的行為。真正的格調（而不僅僅是「時髦」）是毫不掩飾的自我，它不會參考人群的風尚和要求。這種對從眾的拒絕對整個人類都是非常有益的。到了更開放的一九六〇年代，奎斯普坐下來寫自傳，他稱為《裸體公僕》（*The Naked Civil Servant*）。這就是他的實質。對奎斯普來說，追求個人風格，避免盲從，是我們應該在生活的每個角落追求的目標。

・穿衣時：注意是否會給別人留下這種印象：「當你走到街上，我們只知道你有足夠的錢買《浮華世界》（*Vanity Fair*）雜誌。其他的，我們一無所知。」[5]

・說話時：避免用行話和俚語，因為「有風格的人不將自己劃分為某類人。」[6]

・貧窮時：「你的風格不會因你的現金流而發展或受阻。」[7]

・富有時：「財富買不來風格、智慧、美麗、機智、感情或尊重（不過「它絕對能給你帶來快樂」）。」[8]

・垂垂老矣時：記住「養老院只不過是一個集體死亡的俱樂部。」[9]

奎斯普認為，每個小時都應該由我們的個人思想和個人態度組成。他的例子提醒我們，每個表達都是一種政治表達：我們要麼堅持自己，要麼融入人群。

那麼，我們只有變得更像自己時，才能擁有自己的風格。希區考克（Alfred Hitchcock）稱這種努力是「自我剽竊」（self-plagiarism）。我們努力成為我們已經成為的人。我們勇敢地面對默默無聞的威脅，對抗平台經濟的集體力量，並享受著我們能夠保護的內心的古怪特點。看似無害的笑臉表情符號，在今天可能是奎斯普式風格的最大威脅。在我偷偷摸摸的地鐵跟蹤時刻，我看到一個年輕女子發了一堆這樣的表情符號給她朋友，與此同時，她的臉上卻保持著冷酷的表情。她既沒有大聲笑，也沒有露出笑容。當她抬頭看著我時，我愚蠢地笑了笑，而她面無表情。

我困擾的並非她的不誠實。（沒有虛假的喋喋不休，人們就不可能有朋友了。）讓我感到困擾的是，她在風格上幾乎沒有付出努力。透過用表情符號代替情感，就像把肉放進絞肉機，另一頭便出來一根香腸一樣。（我也沒好到哪裡去，肯尼和我最近參加了一個聚會，一些好心人在我們的手機上解鎖了表情符號功能，現在所有的談話都減少了。我一開始嘗試用文字解釋自己的想法，後來便開始傳一堆棕櫚樹和熊貓貼圖給肯尼。）

表情符號會磨滅個性的聲音，提供一份有限的情感清單。（當豎起大拇指的圖標有多種膚色可用時，我們就停止了進步。）這並不是說，我們真的利用了我們語言的多樣化。英語中有超過一百萬個單詞，事實上，哈佛大學和 Google 的研究人員已經確定我們目前每年新增大約八千五百個單詞。[10]但是，大多數人在說話時只會用到五千個詞，在寫作時只會用到一萬個詞。這表示，在所有的詞中，我們只用到了百分之〇・五至百分之一。（一些標準較寬鬆的研究表明，此比例達到了百分之三。）我們喜歡一遍又一遍地使用相同的詞語，因為我們懶得去思考其他詞，這樣說話容易得多。一位與企業客戶參加交流研討會的朋友告訴我，這種懶惰在他們的文化中尤為明顯。在辦公室，每個人都告訴大家一切都是「令人驚訝的」和「令人興奮的」，這些詞最後被賦予了某種具體的語義特徵。這是不可避免的，因為它們是安全的、無害的，是一些不用表明立場的詞。因此，當我們發送那些笑臉和酒杯表情來代替文字表達情感時，我們很少停下來問問自己內心的聲音是否被那些預定的表情磨滅了。

:-)

第一個表情符號是一個笑臉，由冒號、連字符和括號構成。與今天的全套表情圖片相比，這就是一個遠古時期的繪圖。（「微笑的大便」圖標在我的家鄉加拿大特別受歡迎。）但是，一九八二年出現的第一個笑臉表情帶來了一次語言革命。

電腦科學家史考特・法爾曼（Scott Fahlman）發現，網路留言板上充滿了錯誤訊息。人們輸入訊息時，並沒有故意諷刺和反諷，卻導致不必要的傷害。似乎大多數用戶低估了他們從面部手勢和語調中收集的訊息量。所以法爾曼這個看起來很快樂的男人提出了一個解決方案：在你的訊息結尾標記一個笑臉，這樣的話，每個人都會知道你是出於好意。從那時起，出現的表情符號可能是符號語言裡的人工草皮，它們閃閃發亮，沒有變化，不會產生冒犯之意。我們向它們臣服，因為我們擔心自己的聲音會讓我們陷入困境。我們如果使用自己的話語，就會擔心網路會歪曲我們的心聲。（笑臉表情出現三十多年後，快樂的臉和心形表情的使用率仍然佔到所有表情符號的一半以上。不是美元符號，不是小狗，不是啤酒杯；我們的主要關注點是讓別人知道我們的意圖是善意的。）我懷疑，女性使用表情符號的頻率是男性的兩倍並不是巧合。那些習慣自己的言語被輕視或曲解的人，不就是希望讓自己的訊息更有說服力嗎？

作為分隔訊息的標點已經演變成一套完整的通信工具——數位象形文字（the digital hieroglyph）。到目前為止，最受歡迎的表情符號是「笑哭了」，它輕鬆取代了基於文本的「LOL」，在二〇一五年甚至成為《牛津詞典》的年度詞語。現在數位形態的語言發展到了非常龐大的規模，都有了「山間索道」和「賞月儀式」的貼圖。

一對朋友——馬特・格雷（Matt Gray）和湯姆・史考特（Tom Scott）——在二〇一四年建立了一個網站，在這個網站上，人們只能透過表情符號進行交流，甚至連用戶名都是表情符號串。這樣做很荒謬，但仍有六萬人註冊、登錄。格雷和史考特開始接到各投資者的來電，兩人的網站被認為是一家雄心勃勃的新創公司。與此同時，一位名叫弗雷德・班南森（Fred Benenson）的數據工程師試圖將《白鯨記》（*Moby-Dick*）翻譯成表情符號，從而將事態推向了高潮。正如平台時代的典型企業一樣，班南森本人並沒有自己完成翻譯工作，而是以群眾外包（crowdsourcing）的方式給 Amazon 土耳其機器人網站，那裡有成千上萬個志願者分別翻譯文本的一部分。完成後的作品——《表情符號版白鯨記》（*Emoji Dick*）——可以用兩百美元購買精裝本，也可以用五美元購買 PDF 版本。同時，班南森希望建立一個表情符號翻譯引擎，讓所有文學都以數位形式呈現。

儘管如此，表情符號很快就會過時的。動圖（GIF）——通常從電影和電視節目中截取的那些影片片段——不再局限於桌上型電腦或 Tumblr 這樣的部落格平台，移動技術的快速發展使它們能夠被整合到消息系統中。在 Facebook 這樣的平台上，或者只是在手機的簡訊中，用戶可以像插入笑臉表情一樣輕鬆地插入動圖。我可以在 Giphy.com 上搜索各種動圖，為什麼還要用打字來表達我對某個事物的見解呢？不如直接貼帕克・波西（Parker Posey）滾動眼珠的動圖或者查寧・塔圖（Channing Tatum）從泳池中探出頭的動圖。

對許多習慣了數位時代的人來說，傳訊息給朋友根本不再需要基於字母文本。就像之前的表情符號一樣，動圖是一種現成的表達方式，是一種視覺上的陳詞濫調，使我們免於發展個人風格的麻煩。因此，希區考克的「自我剽竊」觀念被忽略了，而赤裸裸的剽竊被廣為傳播。正如語言學教授娜歐密・巴倫（Naomi Baron）所說：「動圖直接包下了你的訊息，所以你不必弄清楚如何表達自己。」[11]這樣，個人風格就會被追求效率的慾望所破壞。我們放棄了我們逐漸學會的說話技巧，成為大眾娛樂的統一風格產品線上的一員。

我們的螢幕是一種通訊機器，而不鼓勵獨立，但它們似乎讓我們感覺既能與外界聯繫、又能保持獨立。例如，Twitter 就像一種傳播個人心聲的方式（「嘿，世界，你知道嗎……」），但它要求我將這種聲音憑借一種高度限制的格式、形狀和字符數來傳遞。

二〇一四年八月，Twitter 在其頁面中添加了「分析」功能，允許用戶詳細跟蹤他們的推文引起的響應。這個功能立即改變了我的平台使用方法，使我的寫作風格更加貼近人們的喜好，正如我的分析報告所指示的那樣。因為人們的情緒非常明顯，所以我試著用以前從未用過的方法改變我的風格。例如，關於我寫作生活的推文（用「#正在寫作」標籤標注）贏得了很多關注，第二天我開始思考：「也許我應該發一張我的寫字桌的照片，陶瓷咖啡杯和野花果醬罐看起來很浪漫、隨性。」透過這種方式，我們陷入了一系列微妙但有說服力的人氣競賽，成為真正的局外人——具有獨特（甚至是不正常的）聲音的人——需要更多的努力。

當然，總有一些力量推動我們走向一致；不同之處在於該過程的廣泛程度和細化程度。不同之處在於，我們現在有能力清理每一個清晰獨特的聲音。當系統直接告訴你什麼東西會贏得別人的關注（和喜愛）時，你需要付出巨大的努力才能否認它，用奎斯普的話來說，就是要穿「錯」衣服走在街上。

早在一九八二年，美國作家尼爾・波茲曼（Neil Postman）就描述了這個問題的另一部分。他認為，電子化「從交流層面來看，消除了個人風格，實際上是消除了人類個性本身」。[12]與其他人一樣，波茲曼擔心個人的聲音會在交流中被廢除，訊息以數據的形式被重新打包，我們分享的故事越來越多地沿著網路線傳播。

山謬・摩斯（Samuel Morse）從一八四三年開始架設電線。美國政府提供三萬美元資金，讓摩斯能夠在華盛頓和巴爾的摩之間建立一條長達四十英里的線路，能夠用點和線組成的摩斯電碼來傳輸訊息。他的第一則新聞是巴爾的摩輝格黨（Whig Party）大會的選舉結果，這則訊息於一八四四年五月一日傳輸到了華盛頓特區。參議員亨利・克萊（Henry Clay）將成為該黨主席候選人的電子新聞，比載著同樣消息的蒸汽火車提前一個多小時到達。這是一個分水嶺。摩斯的機器屬於未來，那個時候，通信不需要過多的人力，而需要更多的技術操作。幾乎可以說，它是一個令人驚嘆的時刻，是一個人類聲音減弱的時刻。[13]即使有了這樣的電線，人類的痕跡仍然存在：《經濟學人》（*Economist*）的網路編輯湯姆・史丹基（Tom Standage）指出，接線生可以根據他們幾乎無法辨別的嗶嗶聲，來找出其他城市中竊聽他們的機構。[14]

這個問題的新例子——隨著媒體傳播的力量更加強大與個人風格的日漸沉悶——比比皆是。基於網路平台的溝通又向前邁進了一步：它不僅消除了個人風格，還用協作風格取而代之。二〇一四年在溫哥華舉行TED會議期間，我碰到了一個很好的例子：藝術家珍妮特・埃切爾曼（Janet Echelman）創作了一個由人群控制其燈光的巨大雕塑，名為「用無數火花繪製的天空」。埃切爾曼在市中心會議中心外的廣場上方編織了一張一・七五噸的纖維網；在晚上，這張網的顏色隨著數以千計的手機輸入的訊息而變化。它們響應了手機活動，發出類似鯨魚般的呻吟聲（由揚聲器發出）。正如藝術家指出的那樣，這項工作「只能由觀眾完成」，它提供了一種強大而令人不安的體驗——有點像凝視光譜的一部分，但我們的肉眼並不能看透光譜。「我希望，」埃切爾曼說，「遊客能與周圍的人有更多的聯繫——不管是與鄰居還是陌生人。」[15]這是一個高尚的想法，當然也是一種有效的藝術表達。但我們可以說這部作品具有風格嗎？難道這不是一種反風格嗎？一旦大規模協作式的設計變得更加普遍，更廣泛的文化會遭遇什麼？例如，在名為 StyleFactory 的網站上，用戶投票決定應該用哪種傢具設計。這種協作、分散的表達方式——在許多方面都值得稱讚——顯示出其醜陋的一面：我們只表達了多數人認可的內容。

與此同時，Goolge 的研究人員創建了「深度夢境」（DeepDream），它透過 Google 的圖像識別軟體來製作（昂貴的）藝術品：深度夢境可以搜索任何圖像的相似之處，然後放大這些相似的地方，產生一些所謂的「依賴 LSD[16] 的人工智慧」[17]。如果你傳一張海灘的圖片給「深度夢境」，它可能找到沙子的渦旋中類似恐龍的圖案，並將「恐龍」放大，使其變得更加明顯。但它所有的「原創」藝術作品最終都具有一種算法式的遊戲性，這是一種眾包數據處理的結果。

二〇一五年夏天，在我站在 TED 大會那彩色燈光下的一年後，藝術家兼作家道格拉斯・柯普蘭（Douglas Coupland）遞給我一本名為《搜索》（*Search*）的書，是他在巴黎的 Google 文化學院實驗室期間寫成的。在其比一般書頁厚一倍的頁面上印著大量 Google 搜索列表。柯普蘭選擇了一千個常用詞，並使用 Google 的天才算法來梳理數十億個日常搜索，以找出這些詞在一個月內是如何在英語世界的 Google 引擎上被人們搜索的。包含每個單詞在內的最常見的搜尋列在每個頁面上排列整齊，以「Answer」為標題的頁面中，第一個問題是「宇宙和萬物生命的答案（answer）是什麼」，最後一個問題是「如何回答（answer）『請介紹你自己』這一問題」。使用「負擔」一詞的第一個搜尋列是什麼呢?是「甜蜜的負擔」。使用「應該」一詞的第一個搜尋列呢？「最理想的體重應該是多少？」使用「子女」一詞的第一個搜尋列呢？「子女撫養費。」數不勝數。

數十億個私人的問題被列成了表，排了名次。話題包括凱特琳・詹納（Caitlyn Jenner）[18]、監控攝影機、情人節、中毒休克綜合症、分手建議、足球、《飢餓遊戲》（*Hunger Games*）、火星、全球暖化。這本書不是一部作品，而是歷史上最宏大的藝術。翻閱它的頁面竟令人動容——這就是蜂巢心理的表現。網際網路就是一幅自畫像。

在二十一世紀，從個人角度出發，創新仍然有意義嗎？我們不妨來假想一下。如果我拿著柯普蘭的《搜索》，將其與自己的搜索歷史相比較，我就能窺探到自己所感興趣的事物與英語國家的居民所感興趣的事物有何異同。當然，帕羅奧圖（Palo Alto）[19]的某些孩子可以在午休時間將這樣的應用程式串起來……

有趣的是，我們能夠同步、評估我們自己的選擇和對大集體的信念。我們收集的越多，風格就變得越來越像偽裝。與此同時，行銷人員不斷向我們保證，下一項技術將再次推動我們個人風格的發展，下一項技術將使我們成為真正獨立的思想家。

一九八四年，雷利・史考特（Ridley Scott）執導了一場承諾這種獨立的「超級盃」商業廣告。那是一部傑作。在藍灰色的陰霾中，一排排光滑的自動機器靜靜佇立，而大老闆則在一片巨大的電視螢幕上下達指令。沒有人來拯救這些被禁錮的靈魂嗎？有！一個性感的年輕女子（由運動員兼模特安亞〔Anya Major〕扮演）舉著大槌子衝向大螢幕，把槌子丟向螢幕上的大老闆，粉碎了蜂巢思維，並將其替換為……蘋果電腦。昔日的初創公司將自己定位為全球唯一能對抗國際商業機器公司（IBM）的希望。

有一則商業廣告，取材歐威爾的反烏托邦小說之名——《一九八四》——是科技公司兩面刃的一個經典例子。從 iPad 到蘋果手錶，再到商務咖啡館裡筆電上發光的標誌，幾乎沒有公司會做得比蘋果公司更具個性化風格。它的產品決定了我們寫作的方式、我們聊天的方式、我們分享新聞的方式、創作音樂以及描繪自己生活的方式。然而，其產品的消費總是以反叛的口號為框架：「和別人想的不一樣。」多麗絲・萊辛（Doris Lessing）[20]這樣描述了這種悖論：

「生活在西方的人們……都會想到這樣的事……我的思想是我自己的，我的意見是由我選擇的，我可以自由地按照自己的意願行事……西方人可能一輩子都沒有想過要去分析這種奉承我們的描繪，因此無法抵抗各種各樣的壓力，於是在各個方面做出了妥協。」[21]

大槌子不會破壞螢幕，它會使螢幕成倍地增多。真正意義上的奎斯普式思維要求我們遠離那個閃閃發光的「劇院」，或者至少讓我們對那些蹩腳的產品翻個白眼。我們把忠誠的對象從一個大老闆轉移到下一個大老闆時，並不能買來獨立的思想。然而，我們的腦海中深深地印下了一種信念，那就是，我們是自由且獨立的思想家。而且，正如萊辛預見的那樣，這種信念使我們看不到能夠利用我們的每種表述和姿態來獲取利益的力量。

奎斯普深知「從眾」的邪惡，這種邪惡不僅僅存在於倫敦暴徒的形式。他成長在大眾傳媒剛剛起步的時代，他看到精通技術的納粹分子利用無線電向人群灌輸黨派之間的仇恨。（事實上，希特勒的軍備部長、後勤部長阿爾伯特・施佩爾（Albert Speer）在紐倫堡審判中承認：「透過無線電和揚聲器等技術設備，使得八千人被剝奪了獨立思考的能力。因此它們可以使他們臣服於一個人的意志之下。」[22]）奎斯普看到美國的大眾媒體也難逃這種潮流，它們如果不是以服務政治為目的的話，就是以銷售產品為目的。無論是哪種方式，他都覺得，如果要保持個性，那就需要與大眾媒體保持一定的距離。畢竟，風格不僅是一種表達自己的方式，也是一種瞭解自己的方式。這是對暴徒問題（the lynch mob's question）最終的、唯一的回應：「你認為你是誰？」

我年少時非常自閉，是一名將自己的記憶寫入自傳作品的學校圖書管理員，於是，我喜歡上了昆汀・奎斯普。回想起來，借那本書對「自閉」期的努力並沒有起太大作用。但是，我那個時候不知道其他人會那麼輕易地給我貼上標籤——因為我沒想到我需要一個標籤。因此，我躺在臥室的地板上時可以自由地歌唱（父親在走廊皺著眉頭）；我可以在九年級口齒不清地說「海洋是一種柔軟的隱喻」（在我身後躲著嬉笑的男孩子們）；我能自由地在午餐時間到走廊讀昆汀・奎斯普。因為我很享受這種特別的孤獨。

當然，我和奎斯普完全不同。奎斯普大膽、粗魯、直率，而我是一個穿著超大號西海岸牌連帽衫的小男孩。儘管如此，他仍是第一個讓我相信一個特立獨行的人可能很有價值——甚至會很非凡——的人。我會盯著平裝書封面上奎斯普的照片（一張塗著脂粉的大臉）。這是一種咒語，召喚著一些被需要的個性。

現在，我回顧奎斯普的生活，才意識到他不僅是同性戀青年的一種信仰，他還應該成為現代的守護神。我們都可以少關注那些大眾的想法。

至於我，我已經不再關注我的 Twitter。「粉絲計數器」有時會顯示數目減少，但這只是一個平淡無奇的警告。我在 Twitter 上的轉變是如此微不足道，即便如此，也足以讓我的某些個性回歸，讓我回到更原始的「自我」。而且，當我對其他人的反應給予的注意力越少，我質問我認為對我來說「自然」的表達方式的時間越多。我的貼文根本不是我內心的「聲音」，而是為了獲得其他人積極回饋的回應。我現在想要迴避它們，我想成為我自己的演算法。

奎斯普很可憐那些無法為自己創造獨處時刻的人；他認為他們才是受害者，而不是他自己。當他看到他神通廣大的朋友們打開收音機或者使用電視作為背景時，他看到這些設備的意義「不是娛樂，而是淹沒所有時鐘的嘀答聲」。[23]他發現他遇到的大多數人都被空虛的時間——所謂的「閒暇」時間——困擾著。他們害怕那片空白，所以他們去了電影院。在一九八三年的一次採訪中，他抱怨美國人：「他們會坐在電視機前，說『真糟糕』，卻仍然沒有把目光從電視上移開。」[24]（在後來的採訪中，他注意到這些人只是孤獨，因為他們不知道如何獨處。）正是透過這種固定術，大眾沉浸在這種時代精神中，而忽略了他們那些可以塑造獨立風格的獨處時刻。

當然，剛開始重視孤獨時，一個人肯定會覺得自己無禮或者冒犯了他人，但是為了像奎斯普那樣實現獨立，我們必須擺脫那種渴望——被喜歡或分享或追隨的渴望。這種慾望非常可怕，具有很大的破壞力，不過可能不像其他選擇那麼可怕。

1 Quentin Crisp, *The Naked Civil Servant* (New York: Penguin Books, 1997), 61.

2 編注：美國脫口秀主持人、喜劇演員。

3 Penny Arcade, "Quentin Crisp and Penny Arcade in Vienna," YouTube video, March 13, 2012,https://www.youtube.com/ watch?v=NTttQs-UhgA.

4 Quentin Crisp, *The Naked Civil Servant*, x.

5 同前。

6 Quentin Crisp, *Doing It with Style* (London: Eyre Methuen, 1981), 50.

7 同前 119.

8 同前 127.

9 同前 145.

10 Richard Alleyne, "English Language Has Doubled in Size in the Last Century," *Telegraph*, Dec. 10, 2010.

11 Mike Isaac, "For Mobile Messaging, GIFS Prove to Be Worth at Least a Thousand Words," *New York Times*, Aug. 3, 2015.

12 Neil Postman, *The Disappearance of Childhood* (New York: Vintage Books, 1994), 70.

13 原始的電報（遠距書寫）是由拿破崙時代的法國的信號系統達成，這信號系統由許多建在高處的塔組成，每個塔上有焊接木頭葉片，這些木頭葉片有九十八種組裝方式來表意。隔壁塔的負責人可以用望遠鏡解讀訊息並複製木頭葉片的組裝，將其盛載的訊息再傳到下一座塔，如此這般一直傳遞下去。於是一個訊息能很快遞從法國境內的一端傳到另一端，這大大的提升了拿破崙軍隊的效能。這是在電報出現的半世紀以前。

14 Tom Standage, *Writing on the Wall* (New York: Bloomsbury, 2013), 182.

15 Janet Echelman, "Skies Painted with Unnumbered Sparks," http://www.echelman.com/project/skies-painted-with- unnumbered-sparks/.

16 編注：即麥角酸二乙基醯胺，一種致幻劑。

17 Alexander Mordvintsev, Christopher Olah, and Mike Tyka, "Inceptionism: Google Deeper into Neural Networks," *Google Research Blog*, June 17, 2015, http://googleresearch.blogspot. ca/2015/06/inceptionism-going-deeper-into-neural.html.

18 編注：奧運十項全能金牌得主，也是全球最紅的變性人。

19 編注：Palo Alto，帕羅奧圖網路公司，是全球領先的企業安全公司。

20 編注：英國作家，二〇〇七年諾貝爾文學獎得主。

21 Doris Lessing, *Prisons We Choose to Live Inside* (Toronto: House of Anansi, 1991), 49.

22 John Snell, *The Nazi Revolution* (Boston: D. C. Heath, 1959), 7.

23 Quentin Crisp, *The Naked Civil Servant*, 142.

24 Rian Keating, "Quentin Crisp Interviewed by Rian Keating, May 1983," YouTube video, Jan. 27, 2015, https://www.youtube. com/watch?v=WBPwWrFWHAc.

6 你必須品嘗一下

創造「人工智慧」（artificial intelligence）一詞的美國電腦科學家約翰・麥卡錫（John McCarthy）強烈認為，技術可以影響觀點和信仰。一九七九年，他是電腦熱潮中一位人到中年的「巫師」。那個時候，在麻省理工學院和史丹佛大學（麥卡錫在兩所大學都擔任過教授）總流行著各種誇張的言論。在一篇論文中，他寫道：「像恆溫器一樣簡單的機器也可以說是有信仰的。」[1]美國哲學家約翰・希爾勒（John Searle）就沒有那麼樂觀了，他無法接受這個觀點。有一天，他要求麥卡錫解釋得更準確些：「你的恆溫器有什麼信念？」而那個胸有成竹的答案讓他備感驚訝。「我的恆溫器有三個信念，」麥卡錫說，「這裡太熱了，這裡太冷了，這裡正好。」[2]

一項技術也可以判斷兩件事物的優劣嗎？人腦判斷與電腦判斷之間的區別越來越模糊。我的朋友向我展示他新買的鳥巢牌恆溫器（Nest thermostat），這台恆溫器可以連接到Google雲端，並且一直定位他的位置，以優化他家的能源消耗。「鳥巢恆溫器不喜歡我太早回家，」我的朋友一邊說，一邊輕拍著這台裝在客廳牆上發熱的黑色機器，

「它很希望我能夠養成固定的習慣，這樣它就可以做出更好的決定。」

這個微小的細節——「它可以做出更好的決定」——是至關重要的，因為如果我們讓恆溫器產生某種思維定式，允許更複雜的技術有更複雜的思維，正如我的朋友認為調整自己的習慣能適應恆溫器的偏好一樣，那我們就會發現自己因為很多情況做出了各種各樣的改變。

沒有哪個地方比「品味競技場」更加詭異。如果我們認為一個電腦程式更加理性，承載的訊息量更多，可以判斷一個事物比另一個好，那我們在網路上做出的選擇——要讀哪些書，要聽哪些歌，要看哪些電影——便更具依賴性，會失去獨立自主性。Netflix、iTunes 以及 Amazon 上面的建議——各種群眾外包數據——開始變得自然、中立。如果你相信一項技術可以有思維，那你很快就會相信它的信念比你自己的重要。某一刻，我們都默默地接受「你應該會喜歡這個」的算法建議。

所以，為什麼我們一開始要賦予技術思考的能力？為了解決這個問題，我去拜訪約翰・希爾勒（長久以來，他都是恆溫器辯論中的反對者）。四十年後，我想知道他的立場是否發生了變化。畢竟，我們不僅僅是在討論「恆溫器」：人工智慧程式現在可以解決科學問題，它們可以寫小說，它們可以畫肖像畫，它們甚至可以批注本科論文。

可以說它們現在是有思考能力的嗎？

「不，我仍然認為這些觀點是愚蠢的。」

這位八十三歲的希爾勒教授說話時斬釘截鐵。他坐在加州大學柏克萊分校摩西大廳的辦公室，調整了一下他的語調：「我並沒有貶低麥卡錫的意思。」

我皺著眉頭問道：「但是，你相信機器有一天能像人一樣思考嗎？」

「啊，這個問題問得不對。機器當然可以思考。我們就是機器，我們可以思考。問題是，電腦可以思考嗎？絕對不會，它不能思考。」

「這兩者之間有什麼重要的區別嗎？電腦的局限性在哪裡？」

「電腦只能處理計算問題，它們在電路中處理混亂的符號。你不能透過處理符號來產生思維。要想產生思想和思維，你需要一個因果機制。」

「你怎麼知道我們的自我意識來自一個因果機制，而不只是來自在我們的大腦中蹦蹦跳跳的一大堆數據？」

「這很簡單。我把輸入的原因打亂後，它輸出的結果也會被打亂。我每天都喝一些卡本內蘇維翁葡萄酒，我知道它是如何讓我的意識模糊的。我們的大腦是機器，如鳥的翅膀或胸膛裡的心臟。如果不能精確地瞭解大腦的機制，我們將無法構建人工智慧。但人們不明白這一點，他們認為可以透過抽象的數字達到目的。但你需要生物工程學、化學等學科的知識。」

希爾勒認為，「圖靈測試」（Turing test）——數學家艾倫・圖靈（Alan Turing）的著名實驗，旨在證明某台電腦是否已達到「智能」的程度——是「一個巨大的錯誤」。

在圖靈測試中，一個匿名者和一台電腦被隱藏在窗簾後面，另一個人透過傳簡訊的方式，與匿名者和電腦進行交談。如果那個人不能分辨出哪個是人，電腦便通過了測試，並被認為是「智能的」。但對希爾勒來說，這樣的測試忽略了一點：它假設，電腦如果有足夠的處理能力，有一天就可以擁有自己的真實信念。但大數據並沒讓哲學家滿意。

「可以思考的電腦」這個謬誤可能有很大的危險。我們越是相信電腦和線上平台有思考能力，我們就越有可能使自己獨特的品味和偏好屈服於螢幕上誘人、神祕的建議。並且，因為這些技術已經透過群眾外包、大數據分析出了人們的「偏好」，因此結果一定是，獨立的、孤獨的品味在集體品味面前相形見絀。

松樹還是柚木？滌綸還是絲綢？凱莉・安德伍（Carrie Underwood）還是安東尼

奧・韋瓦第（Antonio Vivaldi）？透過這種膚淺的選擇，我們形成了對他人和我們自己的看法。最近，肯尼和我坐在沙發上，達成共識：我們無法再多忍受一集《廚藝大戰》（*Chopped*）了。我們開始在 iTunes 上搜尋電影，結果其中一人會說：「不然犰狳的紀錄片怎麼樣？你喜歡犰狳。」然後另一個人會用它的綜合評分來打消對方的建議。「兩顆星？我們需要制定一些標準。」我不能稱之為辯論。這只是一種引導；它不涉及我們的意見，我們對預告片的評價，我們對導演的瞭解——這只是一個高度規範的評分系統。與此同時，我們吃著大眾點評網上排名最高的一家泰國菜，隨意地聽著由策劃「清潔先生」（Mr. Clean）產品的天才推薦的歌曲。我們所消費的東西似乎與我們的個人品味毫無關聯，相反地，我們正在飽嘗某種被約定成俗的文化食糧。問題是，這食糧是誰做的？

當我們最終選擇《歌喉讚2》（*Pitch Perfect 2*）時，這是我自己做出的選擇嗎？還是人群的集體決定呢？或者，難道是某種算法根據自己獨特的審美傾向決定的？

我和麥特・阿奇迪（Matt Atchity）聊過，他是爛番茄網站（RottenTomatoes）的主編。用他的話說，他的工作職責就是做一個「街頭公告員」（town crier）[3]，幫助全世界瞭解來自全國各地的大量電影評論家對《瘋狂麥斯：憤怒道》（*Mad Max*）或《阿凡達2》（*Avatar 2*）的看法。作為媒體工作者在大眾場合露面時，人們詢問他自己的意見；但他和他的網站扮演的主要角色是一個過濾器，來篩選數百名專業評論者的意見，從中選出一個平均值。某些評論家的特殊品味被大眾的意見所包圍，就像河水將鋸齒狀的石子磨成鵝卵石一樣。「我覺得我是一個先驅，」阿奇迪告訴我，「我不認為自己是一個評論家，但我在許多情況下都履行了這一職能。」他的網站上有數百萬訪問者。此外還有數百萬人（比如肯尼和我）會基於爛番茄的評分來選擇電影。這些評分已被導入Netflix，並標記在每部電影的描述欄目中。尼爾森媒體調查（Nielsen report）最近對五十六個國家中的二·八萬人進行了調查並發現，在可靠的品牌訊息方面，對此類在線評論的信任度僅次於對個人建議的信任度。[4]與四年前進行過的同類調查的數據相比，這種信任度增加了百分之十五。

當我們讓爛番茄這樣的網站決定我們消費哪些電影、哪頓晚餐和哪首歌曲時，我們便認為，我們的決定是建立在中立和公正的指導基礎上的。也許我們認為這是治療精英主義的方法，可以使評論環境變得整齊一致：它是理性的，它以人群為基礎，所以無可否認，它就是最好的。我們發現自己也成了可量化的事物。我們的評分系統讓這種信念變得如此強大，於是它變得無影無形，變成一種自然的、無法形容的信念，在星級評分和無可挑剔的暢銷書排名中顯現。

但我們忘記了，品味永遠不是自然形成的。如果我們不能自己決定自己的審美品味，那其他人或其他事物就會替我們做這件事。自十九世紀以來，暢銷書列表便引導著讀者。大眾媒體——以報紙的發明為開端——影響了從寵物食品的選擇到旅遊目的地的選擇在內的所有內容。現在，一種新的、更有害的品味管理水準已經佔了上風。整個世界圍著餐桌，在你閉著的嘴唇邊拿著勺子，給你一個堅定的微笑：「你必須品嘗一下。」

我們為什麼要張開嘴巴？

出於必要。

文化的內容太過繁雜，我們無法一一對其進行解析。一九八〇年代，研究人員提出了「訊息超載範式」（information-load paradigm），它指的是人們能夠吸收的訊息量之最大限度。[5]這是八〇年代一種新的自負表現，是對突然產生的事物的反應。今天，我們也可以談論我們的「文化超載」。我們能夠處理的只有這麼多的歌曲、書籍、電影、迷因（meme），之後，文化超載將我們置於一堆「必讀書籍」和「必看影片」之下。

因此，我們遭遇了心理學家貝瑞・施瓦茨（Barry Schwartz）所謂的「選擇的悖論」。我們認為更多的選擇會帶來更多的自由，從而產生更多的快樂（「兩百一十五種蘇打水的選擇＝美國夢」），但這些選擇其實並沒有帶來快樂。事實上，根據施瓦茨的說法，螢幕時代的公民所面臨的大量選擇「會帶來癱瘓而不是解放」。[6]例如，想想網上分享的美術、音樂和文學作品，你在看這段話的一分鐘內，Youtube 就上傳了七十二小時的影片，Vine 分享了八千三百三十三個影片檔，Instagram 上傳了二十一萬六千張照片。[7]就只算一分鐘的串流媒體內容，當你專注於這些句子時，你便錯過了上面所說的內容，於是，你內心緊張起來——你已經落伍了。你想盡辦法，希望理解這些藝術、文化遺產和所謂的美感的殘羹剩飯，但「巴別塔」已成為「巴別城」。我們在資訊之間疲於奔命。

作為巴別城的指南針，一家叫作 Songza 的音樂流媒體網站被 Google 收購，並於二〇一五年併入其音樂播放平台。Songza 製作了數百個播放列表供用戶選擇，他們的選擇不是基於對特定樂團或作曲家的喜好，而是基於當時的感受或活動。「打掃房子？聽這個會比較好。」

這是一種令人上癮、下意識的方法；它使 Songza 成為接地氣的策劃者。你不需要知道哪些樂團很酷，你只需要知道你正在選擇「適合暢飲雞尾酒時聽的音樂」。

羅曼（Roman）看起來不像一個技術宅（他肌肉發達，長得很帥），他的言論同樣令人驚訝，他告訴我，「選擇的壓迫」是他上班時最常想的事。這個詞語與施瓦茨的「選擇的悖論」相呼應，但更加恰當。而施瓦茨（年齡大約是羅曼的兩倍，七十歲了）認為眾多的選擇會導致不滿，羅曼認為我們的文化超載變成了一種虐待人的、可以麻木感官的東西，使我們越來越懶散。Songza 的策展方法——那些根據人的活動或情緒建立的歌單——在浩瀚的訊息海洋中進行了篩選，替你做出了選擇。「Songza 需要比你更瞭解你自己。」羅曼解釋道。

在大多數情況下，我很樂意讓這樣的導航系統引導我穿過巴別城。我應該讀什麼書？很簡單，Amazon 的購買模式（暫時）推薦了《哈利波特：被詛咒的孩子》（*Harry Potter and the Cursed Child*）。需要跑步時的歌單？沒有什麼比這樣做更簡單了——我在 Youtube 輸入「運動音樂播放列表」，然後點擊其他五十萬人認為有用的列表。但是，我越想到生命中的聚合力量，我就越想知道：它們是如何影響我判斷什麼東西是有價值的、什麼是應該被忽視的？我自己的品味在哪裡？人群改變一個人的想法有多麼容易？

一九五一年，哈佛大學的五十名男學生一個接一個進入一間小房間，接受了他們以為的某種視力測試。每個學生身邊都有六個參與測試的演員。古根漢（Guggenheim）研究員兼社會心理學先驅所羅門·阿希（Solomon Asch）教授為這些演員做了準備，指導他們如何提前回答每個問題。測試開始了：一張紙上有一條線，另一張紙上有三條長短不同的線。「現在，你能否告訴我們，這三條線中的哪一條與你在第一張紙上看到的線長度相同？」答案非常簡單，遊戲中沒有視覺上的陷阱，所有參與者都能看出哪條線是與第一張紙上的那條線匹配的。但是阿希的實驗這才真正開始：演員們開始說出明顯錯誤的回答。最終，大多數人聲稱答案顯然是C線，但視力正常的人都可以看出答案是B線。四分之三的參與者至少改變了一次主意，以便與不正確的人群持有一致的意見。[8]同時，在演員沒有提供錯誤答案的對照組，答錯的人還不到百分之一。隨後的研究支持了阿希的驚人發現。大眾壓力的確使我們的意見很容易受到影響。

如果說服一個人把短線看成一條長線如此簡單，那當人群告訴我成人著色書很流行的時候，我還有什麼可以反駁的呢？新的品味仲裁者在網路上不斷湧現，提供舒服的方式來迎接那些泛濫的內容，同時拋棄了個性的審美。「這條線更長，不是嗎？」人們嘀咕著。我們點頭表示默認。

有時這些勸說來自一群思考著的人，就像 Songza 的播放列表一樣，但有時候，勸說似乎來自我們自己：我們可能會發現自己處於「個人化資料過濾」（或過濾泡泡）（filter bubble）中。這些神祕的實體——首先由伊萊・帕瑞薩（Eli Pariser）提出，他是新聞網站 Upworthy 的執行長——由許多無形的「個性化」算法組成。這些算法可以在線管理你的內容，過濾你消費的內容，以便對你可能會點擊的內容進行優化。如果演算法認為你會點擊電視劇《女孩我最大》（*Girls*）或安・萊斯（Anne Rice）的最新小說，那你就會看到兩者出現在螢幕上。這一切都是「私人化的」，因為你會繼續看到你想要消費的東西——「哦，還有更多我喜歡的威利・旺卡（Willy Wonka）動圖！」——同時，你會被困在一個演算法定義的個人品味中。換句話說，你不會接觸到你不知道或你不喜歡的東西。個人進步變得緩慢、遲鈍，而你所「喜歡」的事物也披上了諷刺的外衣。

最後，大螢幕時代的大量內容只能透過非個人的措施來篩選——透過將我們的個人品味集合起來，變成一種人群的品味。我們把「我喜歡的東西」變成「我們喜歡的東西」——或更糟糕的是，「一個人喜歡的東西」。我們只能借助在線技術來破解世界上值得關注的內容，因此，我們放棄自己的個性，阻礙我們形成個人的品味，讓我們更加傾向於集體主義。我們透過螢幕接收我們的決定，然後視它們為己出。

一個關於品味的新神話就這樣出現了——網路世界可以扼殺數十億的人類選擇並提供單一、「自然」的品味。（《怵目驚魂二十八天》（*Donnie Darko*）是排名第三的成人電影，票數為兩千五百七十九票；湯米・席爾菲格（Tommy Hilfiger）新款男士皮夾綜合三千五百七十七次投票的評分為四・三顆星。）誰會否認這些以數據為基礎的聲明？透過這種方式，我們的手機、我們的筆電、我們的平台技術成為品味的數據庫。

二十年後，這種品味的機制將逐漸淡出我們的視線，成為一個不被承認的傳說——這些只是我們喜歡的東西。一旦相信自己的獨立性，相信我們具備做出選擇的能力，我們就會相信我們的選擇是由自己做出的，我們就會忽略那些出現在周圍的聲音。

也許現在很適合問的問題是，誰在乎呢？

如果我們的觀念一直被外部力量欺壓，那萬一我們的技術開始巧妙地塑造我們的思維，控制我們對電視節目、書籍和織物樣本的想法呢？也許我們想要形成關於它們的看法。（誰能比恆溫器更好地判斷溫度？）那請注意尼爾・波茲曼的警告：

「一個認為瑪丹娜達到音樂史上最高峰的年輕人，一定缺乏區分人類進步與落後的鑒賞力……我們的年輕一代必須知道，並非所有有價值的東西都能立即獲得，他們的鑒賞水準還沒有達到頂峰。」[9]

拋開波茲曼對瑪丹娜不滿的態度，他的觀點的確有道理。他所說的「鑒賞水準」無法在網路上被分享和喜歡，也不能變成一個有趣的動圖。並非所有值得愛的東西都很容易被愛。大型文化中只有一小部分可以在平台技術上茁壯成長。與此同時，那些不能減少到一百四十個字母的東西——我們在傑克遜・波洛克（Jackson Pollock）[10]的畫布之前感覺到的眩暈和混亂，我們在讀吳爾芙小說時所看到的令人痛苦的完美——我們只有在獲得它們之後，才會懂得它們的美。網路上，我們處在大眾文化的風中，這是一種令人愉悅的夢幻般的風——大眾品味只針對容易消費的產品——我們沒有多少時間來處理那些更加難理解、個性化的品味。馬修・克勞佛（Matthew Crawford）在他的書《頭腦之外的世界》（*The World Beyond Your Head*）中指出，其實，在獲得成熟品味的過程中要拋棄娛樂，它需要下功夫、受教育。「它還有未來嗎？」他問道，「程式化的、極易接受的精神刺激出現後，迫使我們提出這個問題。」[11]當我們放棄克勞佛那受教育而培養出的品味觀點，轉而採用基於大眾娛樂和群眾判斷的品味時，它也迫使我們提出一個問題：我們錯過了什麼？

詹姆斯・索羅維茨基（James Surowiecki）的著作《群體的智慧》（*The Wisdom of Crowds*）的標題經常被當成一則名言，用來表明群眾最聰明的觀點。但那些讀過這本書的人都知道索羅維茨基的意思不限於此。他描述道：「同質的群體會更難以進步，因為每個成員帶來的新訊息越來越少。同質的群體……逐漸失去了尋找新事物的能力。」[12]

當我們允許個人品味受到網路人群的支配時，我們應該牢記這一過程：從二十世紀開始，麥當勞和迪士尼這樣的公司開始大規模提供相同的食品和娛樂活動。到二十一世紀，我們便看到 Google 和 Amazon 等公司生產著大量相同的品味。

二十一世紀和二十世紀的區別在於，今天我們需要保護我們內心的小怪物，將其密封並保護它，讓它免受打擊。學習一首沒人知道的老歌，讀一本絕版的偵探小說，拍攝一次完美的日落；不給任何人看。我們可能需要建造新的、更強大的內心世界來滋養那隻小怪物，以娛樂我們內心的自己。除了分享、評論、喋喋不休以及所有令人分心的事物之外，還有一些陌生的東西等待著我們去發現和喜愛。

1 J. McCarthy, "Ascribing Mental Qualities to Machines," in M. Ringle (Ed.), Philosophical Perspectives in Artificial Intelligence, ed. M. Ringle (Atlantic Highlands, NJ: Humanities Press, 1979), 161–95.

2 John Searle, Minds, Brains, and Science (Cambridge, MA: Harvard University Press, 1984), 30.

3 編注：town crier 是在有文字傳播物出現之前，常見於歐洲各國的某種工作崗位，負責向大眾公告消息。

4 "Nielsen: Global Consumers' Trust in 'Earned' Advertising Grows in Importance," *Nielsen*, April 10, 2012, http://www. nielsen.com/ca/en/press-room/2012/nielsen-global-consumers- trust-in-earned-advertising-grows.html.

5 James Gleick, *The Information* (New York: Pantheon Books, 2011), 406.

6 Barry Schwartz, "The Paradox of Choice," TED video, July 2005, http://www.ted.com/talks/barry_schwartz_on_the_ paradox_of_choice?language=en

7 "Data Never Sleeps," *Domo*, April 2014, https://web-assets. domo.com/blog/wp-content/uploads/2014/04/DataNeverSleeps_2.0_v2.jpg.

8 Solomon E. Asch, "Effects of Group Pressure Upon the Modification and Distortion of Judgments," in *Groups, Leadership and Men*, ed. Harold Guetzkow (Pittsburgh: Carnegie Press, 1951), 177-90.

9 Solomon E. Asch, "Effects of Group Pressure Upon the Modification and Distortion of Judgments," in *Groups,*

Leadership and Men, ed. Harold Guetzkow (Pittsburgh: Carnegie Press, 1951), 177-90.

10 編注：美國畫家，抽象表現主義運動的主要代表。以獨創的滴畫聞名。

11 Matthew Crawford, *The World Beyond Your Head* (New York: Allen Lane, 2015), 19

12 James Surowiecki, *The Wisdom of Crowds* (New York; Anchor Books, 2005), 31

7 陌生土地上的陌生人

繪製地圖

路易斯・卡羅（Lewis Carroll）的荒誕派小說《西爾維和布魯諾》（*Sylvie and Bruno*）中，敘述者遇到了一個名叫米恩・赫爾（Mein Herr）的怪人，他來自另一個星球，但對我們的星球有著濃厚的興趣。兩人後來討論起了人類製作地圖的藝術。

「這是我們從你的國家學到的另一件事，」米恩・赫爾說，「繪製地圖。但是我們比你們更進一步。你認為能派上用場的最大的地圖多大？」

「大約六英吋比一英里。[1]」

「才六英吋！」米恩・赫爾大聲說道，「我們很快就做到了六碼[2]比一英里。然後我們嘗試了一百碼比一英里。然後便產生了最偉大的想法！我們製作了和這個國家實際大小一樣的地圖，一比一的比例尺！」

「你們用得著嗎？」我問道。

「還沒有對外發佈。」米恩・赫爾說，「農民們提出了異議，他們說地圖將覆蓋整個國家，會遮住陽光！」[3]

當我第一次讀到這個場景時，我覺得米恩・赫爾描述的地圖非常眼熟。為此，我困擾了好幾個星期。後來有一天，當我試圖在一個偏遠郊區的街上找一家星巴克（廁所）時，我在我的手機上發現米恩・赫爾描述的根本就是Google Maps。

將地圖與現實聯繫起來花了很長時間，因為看著它們時，我發現我們今天採用的地圖和實景根本不是同樣的尺寸。事實上，它們是我們曾經使用過的最小的物理地圖，是一個只有幾平方英吋的發光螢幕。我們可以在手機上看到Google那體育場大小的數據中心，這個數據中心擁有十幾拍位元組（petabytes）的街道照片和衛星圖像，這些數據可以讓他們的地圖正常運轉。二〇一二年，那裡儲存的數據達到了二十拍位元組。（如果想知道拍位元組有多少內容，可以想像一下國會圖書館裡的全部內容，然後將其乘兩倍。）雖然我們瀏覽手機時並不知道這些事，但這些圖片確實覆蓋了所有地方——每個小巷、每個街角商店和菜園。這個星球上每個曾經的神祕之地都被一個並非來自我們個人經歷的權威繪製、顯示、管理和標記。

當地圖系統普及後，我們碰到一點小事就會使用它，這時，它已不再只是一種輔助工具。它成為獨處的另一個敵人，因為它不允許迷失，你永遠不會溜走。我們設計了一個永久存在的指南，使孤獨的旅行者喪失了迷路的能力。我們似乎已經構建了一張和米恩・赫爾的地圖類似的地圖，因為它有可能扼殺它所描繪的一切。

二〇一四年冬天，我因工作參加了倫敦的出版商會議。我進入會議中心，然後返回，再與編輯會面，與朋友共進晚餐。這一切都是透過 Google Maps 完成的。

我享受著一種神奇的依賴感。旅程的每一步，我都帶著一種從未被我察覺的順從心理：向右轉，走五十碼；在牛津廣場的南行平台等兩分鐘；在上午十一點五十二分上火車……一種簡單而沉悶的東西偷走了我的個人經歷，一隻不存在的手臂搭上我的肩膀，一個一直陪伴我的伴侶說：「我來帶路。」人們不會走失，也不用因擔憂而提前出發。

會後的巴黎週末也是一樣，而且更甚。下了來自倫敦的火車，我讓應用程式引導我來到龐畢度（Pompidou）附近的一家旅館。和旅館櫃檯人員說英語不是什麼不尋常的事；事實上，這個頭髮整齊發亮的女人明顯會說兩種語言，強迫她聽我說「je suis ici pour le check-in.」[4]似乎是不禮貌的。

第二天早上，評分網站 Yelp 帶我去了瑪黑區（Marais）的一家咖啡館。在那裡，我像巫師一樣，把手機放在菜單上，等 Google 翻譯將這些單詞翻譯成英文。當服務生過來時，我對著我的手機說話，機器人則用溫柔的法語重複了我的話。在羅浮宮，我讓任天堂贊助的導航系統跟著我在數百年歷史的達魯樓梯（Daru staircase）上一步步上升，我瞇著眼睛茫然地看著那個「你在這裡」的藍色標誌。我盯著《薩莫色雷斯的勝利女神》（Winged Victory of Samothrace）看了一分鐘，那天鵝絨般的大理石半身像在像素化螢幕上有些失真，然後，我才意識到真實的東西就在我面前。總而言之，我對這座城市或其文化的瞭解為零，但可以輕鬆地被引導著遊覽各地，這在五年前是不可想象的。

然而，只有在我（透過導航）回到倫敦希斯洛機場（Heathrow Airport）時，我才發覺自己並不是一直都這樣做。我想起來，旅行對我來說，曾經有著完全不同的意義。

是那輛水果車改變了一切。走在倫敦的一條人行道上，我路過了一堆蘋果。在普魯斯特式的力量驅使下，我早先在這座城市旅行的記憶在我的周圍展開。我關掉手機，然後環顧四周。突然，我想起了這條街。我以前來過這裡。

當時我二十歲，第一次一個人迷路了。我在前一天晚上從加拿大抵達這裡，然後在伯爵宮旅館裡睡了一夜。我的左耳打了個耳洞，有刺痛的感覺。我在公共汽車站踏上我的湖區之旅時，肩上背著一個大旅行包。不知何故，車站比想象中遠了幾個街區，我便迷茫而不悅地一路小跑著追趕。我錯過了公車。一個蘋果攤位上的男人（帶有倫敦東區的口音）為我指了一條路，這條路彎彎曲曲地通向我的目的地。在另一輛公車上，我遇到了一個名叫強納森的男孩，並且很快喜歡上他。到了巨石陣，我們放棄了之前計劃好的路線。在接下來的幾周，隨著我們兩個的進展，我們似乎經常迷失方向。

我們迷失在牧羊的山丘上和莊園的花園裡，我們迷失在愛丁堡的午夜街道上，而艾爾頓・強（Elton John）就在城堡的石牆之外低吟那首〈Crocodile Rock〉。我們總是迷失方向，在某種程度上，這是我們對彼此的真情的自然流露。當強納森選擇了他堅貞的天主教信仰，從我的生活消失後，我又一次迷失了。我在 Facebook 上或 Instagram 上都沒能聯繫到他。相反地，我穿著超大的毛衣，帶著受傷的表情，沿著泰晤士河岸走，聽著強納森在飛回澳洲的那天晚上給我的傑夫・巴克利（Jeff Buckley）[5]的錄音帶。我迷失了，陷入愛河，獨自煎熬著。

那時，迷失的狀態從一個年輕人的興奮變成了一種實實在在的感受。我心碎了，迫切地想要找到什麼、抓住什麼，好讓自己安心。

有時候，透過一個短暫的奇蹟，我們變得年輕了，內心充滿了愛，因此，我們被迷失的快感所吸引。但是，我們生活中的大部分時間都被不想迷失的慾望統治著，都在令人眼花繚亂的城市或中年危機的痛苦中尋求安全感。

這種願望是人類自古以來就有的。在舊石器時代，法國拉斯科（Lascaux）的人們在洞穴壁上畫出一個個點，來表示他們每天晚上看到的星星。從那以後，我們一直在做這樣的事。每張地圖，無論其真實性如何，都是為了將廣袤而不確定的環境變成清晰易讀的東西。但是，當我們創造一個過於巨大、不便掌握的東西（倫敦街道地圖、天堂圖）時，我們應該承認馬素・麥克魯漢（Marshall McLuhan）[6]所說的，這些工具「具有麻木人類意識的力量」。[7]（麻木可能是我們正在尋找的東西。）我們可以看到更多，但只能透過螢幕。我們很安全，但也很貧窮。

今天，不願迷失的慾望和想要在生活中做各種標記的慾望已經得到了滿足。如果你願意，世界上所有的奇蹟都可以顯示在手機螢幕上。與此同時，旅行成為一種不會迷路的運動；我們變得自信，崇尚那種基於雲端系統的，如同嚴厲父母般的永久追蹤。這是一種令人上癮、極其舒適的感覺。但是，當我在那個水果攤前愣住，繼而被之前的記憶包圍時，我又想知道：我們在這個過程中放棄了什麼？在英國的迷途之旅和用 Google Maps 的旅行之間有什麼不同？是因為我年紀大了，不那麼開放了嗎？還是在這幾年中，有比自己更重大的事物被改變了？

艾美・洛本（Amy Lobben）教授在她的奧勒岡大學（University of Oregon）辦公室裡，坐在一面巨大的舊黑板前。她看著新一批學生在她窗外的草坪上走著。從地板到天花板的架子上擺滿了書籍、舊的製圖儀器和古董地圖。

我們正在討論人類理解周圍環境的方式。洛本很快就明白了：「你的心理地圖（mental maps）永遠不會像 Google Maps 一樣。大腦不會像智能設備那樣對空間進行編碼。」她描述的心理地圖反而被對個人有意義的事物扭曲。「這是一種非常內向的、基本的人類事物」，在這個地圖上，重要的地方會被標記出來，家庭和工作之間的距離可能會因高效率的交通而縮短。「如果你打開所有感官，走向世界，」她說，「你將繪製一張心理地圖，用你大腦喜歡的任何類型之訊息來製作你的地圖，它將只屬於你自己。」

你的思想不斷修飾自己的地圖，它維持著一種生動的、變化著的圖像，只有你才能看懂。Google 正在嘗試使地圖更加「個性化」。它們是根據我們的個人瀏覽行為為模型，每個地圖的內容都略有不同，為的是向我們展示我們可能更喜歡的內容。社交網路中的商城等地方也會提供類似的個性化服務。二〇一五年秋天，在宣佈發佈個性化地圖的幾年後，Google 高階產品經理穆拉利・維斯瓦納丹（Murali Viswanathan）就 Google 在用戶打開地圖系統時可以提供的「精選內容」寫道：「擁有最好的本地嚮導是種優質的體驗，但更優質的體驗是，擁有最好的本地指南。」[8]這聽起來很有吸引力。但請記住：被 Google 演算法認為「你不喜歡的地方」將變得更難找到。正如媒體評論家葉夫根尼・莫羅佐夫（Evgeny Morozov）所說的，只要廣告仍然是 Google 利潤的支柱，他們就不會關心我們是否發現了無法用金錢衡量的事物。

這樣的「個性化」可能會迅速失控。傑瑞・波頓（Jerry Brotton）教授，《十二幅地圖看世界史》（*A History of the World in 12 Maps*）的作者認為，我們正經歷一個如十五世紀從手繪地圖轉換到印刷製品一樣根本性的轉變：「地圖沒有了人的屬性……它是由電子商務的必要性驅動的，而不是由物理空間的、現實的衝突而推動的。」[9]因此，當 Google——而不是政府，甚至是大量競爭公司——成為地圖的主要發行商時，我們的導航變成了一種與一連串數位商店的相遇。不難想象，未來地圖會刪除不合作的商店或餐館的資訊，甚至是地標建築的資訊。所以，你的大腦的個性化和 Google 的個性化之間的區別在於，用 Google 時的體驗實際上混合了你大腦的選擇和 Google 公司的選擇。

理解這種差異的另一種方法是，我們可以看到像 Google 出品的這些地圖強制我們採用哪種視角。在地圖的世界中，Google 使用的鳥瞰視圖被稱為多中心（意思是「在自我之外」）視角。人們走在街上時所採用的視角稱為自我中心視角。當一位笨手笨腳的遊客展開紙質地圖時，實際上他正在同時使用這兩種視角。他抬頭看看，低頭看看，再抬頭看看，想著「哦，糟了，我迷路了」或「哈哈！我多聰明啊」。對某個地方的瞭解是根據兩個視角的結合而來的。

但是洛本教授認為，Google Maps 創造了一種全新的、更局限的導航體驗。「從某種意義上說，它確實可以幫到人們，你要做的就是按下『簡單』按鈕，」她說，「但我認為 Google Maps 有很大局限性。你要從一個地方到另一個地方，然後按下『出發』按鈕，在接下來的二十分鐘內，你遵循指示，全程前進。我整天和看不懂地圖的人一起工作，我們都發現，這就是大多數人所做的事情。我們變成了導航僵屍，無須考慮，只要按照 Google Maps 的指示來操作。」[10]

「導航僵屍」聽起來不太悅耳。但我問洛本，遵守 Google 的指示會有哪些問題。她告訴我，這會在兩個方面產生影響。第一個問題，也是最明顯的，它是冰冷的機器，用戶享受著鳥瞰視野，放棄以自我為中心的視角，便不會注意到走在街上遛狗的人的笑聲和孩子們在人行道上遊玩的場景。第二個問題（比較難以察覺）是，Google Maps 雖然讓我們認為自己是探路之神，其實卻讓我們的尋路技能萎縮了。洛本說：「探路是人類天生的能力。它對日常生活來說是非常重要的，很可能就是人類進化的關鍵。例如，我們的祖先獲取食物來源和返回巢穴的能力就是必不可少的。你使用了一個工具後，無須思考即可找到去路，於是你便不再需要鍛鍊技能。」如果成功找到一個神祕的景觀一直是我們固有的本領——如果它實際上就是支撐我們祖先生存下來，並傳遞給我們的基因——那放棄這種技能，也就是放棄了我們自己的一部分。

我們的話題轉向了洛本拿出來的古董地圖。我談到了地圖製作者在他們不清楚的區域繪製出的海怪和巨人——它們象徵著他們的焦慮和無知。我問：「你認為 Google Maps 中的海怪在哪裡？」

「估計沒有，」她說，「似乎一切都被包含在裡面。但那不就是怪物本身嗎？地圖就是權威。有一整代人與 Google 一起成長，他們甚至沒有意識到這一點。他們就是這樣，讓 Google 向他們展示世界的樣子。前幾代人的成長過程中出現了許多不同版本的地圖，所以我們知道這些地圖只能告訴我們世界可能的樣子。我從小看著那麼多不同類型的地圖，我知道要用不同的方式來看世界，也知道我必須自己做出決定。今天的人，包括我所有的學生，都認為正確的地圖是存在的。其實，根本沒有正確的地圖。」

在Google Maps為我們的探路體驗創造出一種共享純粹感（a sense of shared purity）之前，其他地圖一直在向「唯一真實的視角」逼近。

看看十六世紀製圖師傑拉杜斯．麥卡托（Gerardus Mercator）的故事吧。他在一五六九年製作了一幅非凡的新世界地圖，他的地圖以前所未有的方式將遙遠的海岸變成了焦點。有史以來第一次，水手在開闊海洋上追蹤的羅盤方位線變成了二維的，這促成了航海上的巨大進步。許多早期的地圖對於跨洋導航實際上毫無價值，每次錯誤和誤解都可能導致沉船事故。麥卡托地圖的出現正好幫助了水手，並且進一步推動了整個國家建立帝國的大業。

當然，在地圖的邊緣有一些想象出來的裝飾。我們看到一隻人魚騎著馬穿過南太平洋的插圖，還看到幾隻可怕的海怪、新印度的食人族和巴塔哥尼亞的巨人（麥哲倫的故事指的應該就是這些人）。當然，距離歐洲越遠，麥卡托的自由發揮就越明顯。但麥卡托地圖有其他更隱祕的內容——這成為我們對地球最常見的看法——完全不準確。

直到一九七三年，德國歷史學家亞諾．彼得斯（Arno Peters）才向大眾明確表示，按照各個國家與赤道的距離，麥卡托的地圖將三維地球平面化了，導致國家的比例與實際大小存在很大偏差。我們研究一張地圖時，發現它使格陵蘭島看起來大致相當於非洲大小，而格陵蘭島實際上是非洲的十四分之一。同樣地，在麥卡托地圖上，歐洲似乎只比南美洲略小，事實上，南美洲的陸地面積是歐洲的兩倍。

彼得斯提出的「正確」視角以及歐洲在地圖的上端變得微不足道的事實，被聯合國教科文組織廣泛宣傳。「彼得斯投影」（Peters projection）有其可疑的計算方式（極點和赤道附近的區域仍被擴大了），重要的是，正如布洛頓教授所說的那樣，「所有的地圖都差不多，關鍵在於它的用途是什麼」。[11]在麥卡托地圖上，歐洲國家處於主要地位，而貧窮國家處於次要地位，這幅地圖現在可以被看作一個令人毛骨悚然的歐洲中心主義思想——一個帝國時代的後遺症。正如神靈和怪物活躍在其邊界一樣，麥卡托所呈現的世界的各個方面也被他的特殊偏見所扭曲。然而，我們繼續否認我們的偏見，繼續探索世界的樣子，探索那個被稱為非個人的、客觀的、所有人適用的世界。

洛本教授告訴我，她的父親曾在一家移民公司工作，那家公司不斷地將一戶戶人家送到歐洲、亞洲和非洲城市去。因此，從八歲開始，她就接觸到了一系列文化視角。今天，當面對主流地圖應用程式的獨特視角時，她皺著眉頭說：「這不僅僅是將各個國家塗上不同的顏色。那些能夠決定你如何與世界接觸的人有很強大的力量。」她堅定地認為，一個大一統的神話正在醞釀，這是一個神話，它告訴我們：這就是世界，這是分辨方向的方式，這是普遍的做法。

但是，我們可以透過獨自尋找、獨自迷失來反抗這種清晰劃分、輕鬆獲取訊息的感覺。人們在兔子洞中探索，透過鏡子觀察，然後從壁櫥的後面走出來。對算法的嚴格管理和定位之外，我們的思維可以製作真正獨一無二的世界地圖。這樣，我們就會發現其他人沒有為我們繪製的領域，我們就會在偶然中發現未知的領域。當然，沒有公式可以破譯這個未知的價值，也沒有證據能夠證明它的價值。那是對洛本教授或布洛頓教授的論點的巨大諷刺。畢竟，你如何量化迷失的旅行者的價值？那種可能性就像捕捉洞穴牆壁上的星星一樣，或描述第一次戀愛的迷失感一樣，讓人琢磨不透。

至於強納森和我，我們回到我們的鄉間漫步中，似乎需要那種不受歡迎的漂流體驗，以便擁有更充實的生活。畢竟，我們旅行是為了逃避我們的舊巢——那養育我們的家庭中的嚴格秩序。為了成長、探索，我們似乎需要激動、陌生和粗糙的質地。

漫步被寫進了關於人類成長的最基本的故事。我們都知道，英雄必須離開家鄉，必須徒步穿越未知領域才能發揮他的潛力。然而，阿基里斯和路克・天行者經歷的「英雄之旅」並不能成為我們大多數人的選擇。我們的旅行通常只是一種短暫的而且充滿希望的間歇，我們很少有機會能真正地在旅行中認識自我。在大多數情況下，我們跟隨著全球定位系統的衛星投射下的蛛絲馬跡，制定每一次旅程的計劃。即使能在其他國家的野外待幾周，我們也會發現自己不想出門，總是疲憊不堪，最終投入導航系統的懷抱。

我們這種行為不僅是為了尋求安全感，更是想要在一個無法控制的世界中掌控些什麼。有時候，我會懶洋洋地、愉快地瀏覽 Google 地球上旋轉的地球表面：

我飛過檀香山的努阿努水庫（Nuuanu Reservoir）上鬱鬱蔥蔥的樹木，落在當地停在高中學校的小型貨車之間。

接下來，放大！我跳到南極洲的埃文斯角（Cape Evans），參觀斯科特的小屋（Scott's Hut）。這是早期探險家時代的遺物，在一九一二年被冰雪石化了。

然後，ziip！[12] 我穿過敘利亞沙漠，在巴格達中央監獄（Abu Ghraib prison）附近的一座建築物上，在薩達姆・海珊（Saddam Hussein）的壁畫旁休息。

這真是令人陶醉；我覺得自己像上帝一樣；多好的程式！對生活在非數位化的一九八〇年代的人來說，這種獲得訊息的壯舉可能代表了一生的旅行。對我來說，這只是三分鐘的事情。我的旅行不需要離開舒適的辦公桌，不需要把自己置於「陌生人」的尷尬境地，更不需要經歷真實旅行者所需要經歷的寂寞和艱辛。

這種「巫術」代表了自然主義者羅伯特・邁克爾・派爾（Robert Michael Pyle）所說的「經驗的滅絕」（the extinction of experience）。我的歐洲短途旅行的數位化程度不斷提高，最終成了在電腦上昏昏欲睡的探險。而我不禁提出了問題……

努阿努水庫上邊有什麼氣味？

在南極的雪幕使你的思緒陷入致命的恐懼之前，那種極寒的體驗是什麼樣的？

當我走在巴格達中央監獄外面的人行道上時，當地人會怎麼看我？

這些東西不會存儲在 Google 的數據庫中。令人高興的是，即使是無所不在的地圖，也可能不時地隱藏起來。在《西爾維和布魯諾》一書中，在地圖製作者決定以一比一的比例尺繪製他們的國家地圖之後，意識到這項龐大的工作將使他們的國家窒息，於是重新思考，重新整合了計劃。然後他們突然醒悟過來。「我們現在把這個國家當作它自己的地圖，」米恩・赫爾解釋說，「我向你們保證，這個地圖差不多一樣好。」[13]命令、標籤以及合理的指南都被放在一邊。在所有這些努力之後，剩下的就是原始的、混亂的、扭曲的世界，這個世界可以被個人認識，也可以完全不被認識。

就像卡羅筆下那些勤勞的地圖製作者一樣，我們試圖將現實世界的混亂局面融入每個人都可以分享的抽象表達中。然而，無論是在古老的吳哥窟，還是在伊斯坦堡的大巴札，或者只是在底特律一棟房子的後院，個人經歷總是層出不窮。個人經歷永遠無法被完整地繪製出來。只有當我們選擇自己來演奏生活的獨奏，來繪製心裡的地圖，來避開預設的限制和群眾外包選項時，我們才會開始接觸前幾代旅行者理所當然的純粹的陌生感。然後，我們才會繼承獨處的最佳形式之一——對未知的挑戰。

自我追蹤

在大螢幕時代，描繪事物的慾望已經不僅僅局限於地圖這方面。我們發表評論，我們寫網誌，我們發佈它們，這樣，我們就能讓緊張的自己知道：我存在，我可以被量化，我就在這裡。（沒有迷失。永遠不會孤單。）

一種完整的自我追蹤式文化已經出現了。從發佈在 Instagram 上的卡布奇諾咖啡泡沫照片，到關於運動路線的報導，我們希望用在線評論裝點過去孤獨的時刻。例如，Fitbit 手環可以採集的數據超過兩千五百萬個，它可以評估用戶的睡眠品質，然後向世界報告晝夜節律。[14]這種過度的自我追蹤是洛本教授所描述的想要把握方向的更大的欲求的一部分。

隨著自我追蹤文化的成熟，後代可能會時刻沉迷於追蹤他們所處的位置。當你飛往上海時，為什麼不瞭解一下你的碳足跡？為什麼不讓你的車在音樂會結束的那一刻趕來接你，或者讓它提醒你，此刻你站在這家雜貨店門前，你最好的朋友在三周前也曾站在這裡過？追蹤可以變得神奇而強大，而被跟蹤的會得到照顧和陪伴。替代方案（我們想象中的）是不適、焦慮和遺棄。失蹤的物件、令人困惑的三輪摩托車和無數的失聯讓我們感到無助和掙扎。這樣看來，以前迷失的靈魂陷入了一種可憐的不確定性。

一旦我們能夠監控生活中的每一部分，不去監控自己反而會讓自己顯得懶惰、疏忽。因此，我們不得不從出生的那一刻起加入這種追蹤崇拜。只有音頻的費雪牌（Fisher-Price）嬰兒監視器已經不在市面上了，高解析度的影片會傳輸到在客廳的父母的智慧型手機。二〇一四年，Mimo 和 MonBaby 等設備發佈，這些智慧型嬰兒睡衣能透過藍芽發送嬰兒呼吸、心率和運動的報告。這些設備似乎會增加對嬰兒健康的擔憂，同時它們也可以提取監控過程。我看到年輕的父母仔細地看著他們的寶寶的數據，而從沒想過去看一眼嬰兒床。當然，一旦有機會獲得更精確的訊息，急切的年輕父母就會被迫以監護人的名義監控一切。

在如此緊張的氣氛中長大的孩子，即使在睡眠中也幾乎沒有真正獨處的經歷。隨著成長，他們會發現迷路或去陌生的地方是一種可怕的經歷。科技史學家詹姆斯・格雷克（James Gleick）指出：「我們生來就是連結在一起的，孤獨是成熟之後的表現。」[15]但是，在成熟之後，我們似乎停在每個未知的事情面前，乞求我們的設備找到我們所愛的人和我們自己。在這個世界上，或者在生活中，無論我們走到哪，我們都處在訊息暴露的處境，置於某個伺服器的搖籃中。你佔據地球的一・九七億平方英里中的哪部分？

這裡，就在這。

對像 Google 和 Facebook 這樣的公司來說，這種自我追蹤仍然至關重要，它們不希望你在生活中不保留任何移動、行為和思想的痕跡。德語中有一個詞——「digitale Schleimspur（數位黏液）」——意指那種在我們的大螢幕時代頑強地追隨著我們的記錄。你的生活記錄在你身後不停地累積數據。

Google 執行長艾立克・史密特（Eric Schmidt）對這種言論表示：「如果你有一些

你不想讓任何人知道的事情，也許你一開始就不應該做。」[16]當然，他的意思是，人們應該「乖乖的」。但是他沒有深入瞭解誰能確定「乖」的標準（像愛德華・史諾登〔Edward Snowden〕這樣的人可能既「乖」又「邪惡」）。

在大衛・艾格斯（Dave Eggers）不太難懂的小說《圓環》（*The Circle*）中，離線成為一種偽犯罪，那些試圖消失的人會被無情地追捕。小說的高潮是由一群配備相機的無人機展開的追捕。

一群科技工作者在螢幕上觀看一個被他們的信念逼瘋的人，他們堅信他不該保留隱私，他應該被監控。透過這些無人機——以及一群在線幫助者——這部小說的女主角追蹤她孤僻的前男友默瑟（他試圖在樹林裡過著不被打擾的生活）。他試圖開卡車逃跑，但是一群金屬野獸緊追不放。女主角梅透過無人機的揚聲器喊道：

「默瑟，是我，梅！你能聽到嗎？」

他的臉上有一些細微的變化，應該是認出了這個聲音。他瞇起眼睛，再次看向無人機，不敢相信眼前的一切。

「默瑟，停車。只有我，梅。」然後，她幾乎笑著說，「我只是想打個招呼。」

觀眾噓聲一片。

「默瑟！」她模仿著官腔說道，「默瑟，停車投降吧。你被包圍了。」

默瑟被「朋友」包圍，他們拒絕讓他體驗孤獨。最終，他們的堅持不懈造成了毀滅性的後果。

我們都受到監控系統的影響，儘管它在小說之外以不太明顯的方式存在著：當Facebook將特定位置的廣告投放給我們（並將我們朋友的面孔整合到這些廣告中）時；當我們嘆著氣點擊「是」，給那些應用想要的位置數據時；當我們「為了自己的利益」允許位置被標記和追蹤時，它都存在。艾格斯的眼光並沒有停留在一部小說上。線上生活的自由很容易向集權屈服。

我們忘記了追蹤定位的狂熱曾經是多麼新奇和不自然。如今被熟知的，曾經都是默默無聞的。例如，據說卓別林（Charlie Chaplin）於一九二一年參加了「卓別林替身」競賽，排在第二十位，因為大眾對他的臉並不熟悉。事實上，據估計，一般美國民眾其實無法認出他們國家的前十五位總統。[17]

當然，馬克・吐溫（Mark Twain）關於王子和窮人的故事——超級富豪和超級窮人互換身份的故事——是人們只有在能擺脫他們的「標籤」後才能想象的。正如這位未被承認的王子和一群農民坐下來時的樣子，馬克・吐溫敘述道：「有時候，放鬆對我們都有好處。」[18]

真正的成長、真正的成熟需要對邊界——包括對家的界定和我們身份的界定——放鬆，只有這樣，我們才能更好地瞭解我們的處境。簡單地說，如果我們沒有迷失，我們就不能期望被發現。

只要我們堅持在生活的某些部分中迷失和不受打擾，只要我們尊重這個世界中的默瑟，那麼全面的反烏托邦就不太可能實現。畢竟，只有這樣，我們才能看到我們本身的樣子。不管是否有人注意我們，能夠確認我們的存在將是多麼令人驚奇——這是一種巨大的解脫！令我感到寬慰的是，我不僅僅是那種膚淺的時代精神的追隨者。

1 編注：一英吋相當於二・五四公分，一英里相當於一六〇九公尺。

2 編注：一碼等於〇・九一四四公尺。

3 Lewis Carroll, *Sylvie and Bruno Concluded* (London and New York: Macmillan, 1893), 169.

4 編注：原文為法語，意為「我來登記住宿」。

5 編注：美國創作歌手、吉他手。

6 編注：加拿大哲學家，現代傳播理論奠基者，首先提出「地球村」一詞。

7 Marshall McLuhan, *The Gutenberg Galaxy* (Toronto: University of Toronto Press, 2010), 174–76.

8 M. Viswanathan, "Discover Deliciousness with "Explore" in Google Maps," *Google Maps*, Sept. 2, 2015, http://google- latlong.blogspot.ca/2015/09/discover-deliciousness-with- explore-in.html.

9 Jerry Brotton, "Let's Take Maps Back From Google," *Telegraph*, June 1, 2013, http://www.telegraph.co.uk/culture/ 10091089/Jerry-Brotton-lets-take-maps-back-from-Google.html.

10 不過洛本教授不是反科技人士。她現在正在研發一種能為身心障礙人士產出客製化路線規劃的 app。她認為這種篩掉、或凸顯身障人士路線的 app 竟然還沒被發明是一件近乎可恥的事。

11 Uri Friedman, "12 Maps That Changed the World," (*The Atlantic*, Dec. 30, 2013), http://www.theatlantic.com/international/archive/2013/12/12-maps-that-changed-the-world/ 282666/.

12 譯注：Google Maps 的功能，操作後，螢幕上會出現ＶＲ場景，使畫面動起來。

13 Carroll, *Sylvie and Bruno Concluded*, 169.

14 Caitlin Garlow, of FleishmanHillard, email message to author, Sept. 22, 2015.

15 James Gleick, *Faster* (New York: Vintage Books, 2000), 93.

16 "Google CEO Eric Schmidt on Privacy," YouTube video, Dec. 8, 2009, https://www.youtube.com/watch?v=A6e7wfDHzew

17 Neil Postman, *Amusing Ourselves to Death* (New York: Penguin, 1985), 60.

18 Mark Twain, *Historical Romances* (New York: Library of America, 1994), 126.

8 野外漫步

一九三四年四月十四日，理查・貝德（Richard Byrd）[1]像往常一樣外出散步。空氣還是往常的溫度：-45℃。他平穩地踏著積雪，繞圈走著，然後他停下來傾聽。什麼聲音也沒有。

他感受著那種高聳入雲的、強大的寂靜，心生震撼。在周圍數英里內，尚存的其他生命是一些頑強的微生物，它們躲在冰層下面。現在剛過下午四點，這片土地將在永晝中停留。在寒冷的地平線上，在南極的天空的裂縫中，真的有什麼動靜嗎？然後，不可思議的是，理查・貝德的宇宙開始擴張。

後來，貝德回到他的小屋裡，坐在一個臨時的爐子前，在他的日記中寫道：

「這就是宇宙無法估量的過程和力量，和諧無聲。和諧，就是這樣！這就是寂靜所產生的——一種溫柔的節奏，一種完美的和弦，也許這就是地球的音樂。能夠捕捉到這種節奏，讓自己成為它的一部分已然足夠。在那一刻，我完全可以感受到人類與宇宙的統一。」[2]

海軍上將貝德自願在南極附近的氣象基地工作了五個月。但他獨自在那裡的原因並不是那麼具體。貝德很難解釋他的理由，他承認自己「想要充分瞭解這種經歷……感受和平、寧靜和孤獨，直到發現它們多麼好」。他也在追求一種個人自由，因為他相信「在熟悉的範圍內徘徊，沒有人能夠完全自由」。[3]

貝德因其在工作中所做的貢獻獲得了榮譽勳章，但對我們中大多數人來說，選擇在野外獨處根本談不上回報。事實上，這是非常可疑的行為。在大自然中跋涉被認為是一種反社會傾向的、野性的表現。我們的朋友和家人不希望我們去尋找貝德在南極深淵中所經歷的廣闊、歡欣。因此，我們滿足地待在舒適的監控下和資訊覆蓋的文化中。

我們厭惡樹林、沙漠、冰川以冰冷的方式威脅我們。我們的文化如此明確地傾向於社會，那些徘徊在野外的人若是被認為性格古怪，已經算得上幸運了。在最糟糕的情況下，他們是「炸彈怪客」（Unabomber）。[4]偏見是如此強烈，所以我們不再考慮荒野跋涉了。我們告訴自己，肯定沒有能力進行這樣的冒險；我們最終一定會在陰溝裡腐爛；即使可以到野外去，我們也沒有一個好靈魂，不能從中獲得什麼。

像貝德那樣將自己隔絕開來是危險的。除了神祕的興奮，他差點在這世界最冷的地方喪生。他屋子裡爐子的一氧化碳洩漏了。事實上，當他的健康狀況惡化時，大本營不得不派人徒步趕來拯救他。沒有攜帶無線電話的人顯然就沒那麼幸運了。想想年輕的克里斯・麥肯迪尼斯（Chris McCandless），他的故事被記錄在強・克拉庫爾（Jon Krakauer）的著作《阿拉斯加之死》（*Into the Wild*）中，他徒步進入阿拉斯加的荒野時，只帶了步槍和一袋十磅重的米。一百一十九天之後，他在曠野中死去了，被他收集的發霉的種子毒害[5]——這是其中一種猜測——無論如何，他終究被大自然的變幻莫測困住了。

貝德的南極孤獨冒險的最後幾天——在大本營前來救他之前——他離死亡已經近在咫尺。霜凍慢慢侵蝕他的身體，他像個僧侶一樣在睡袋中胡言亂語，有時虛弱得無法動彈。他把加熱墊墊在自己身上，從罐子裡刮下皇帝豆。他試圖玩紙牌遊戲，也越來越睏。他試圖閱讀拿破崙的傳記，但視線已模糊不清，在頁面上機械地移動著。「你自找的，」他內心的一個聲音說道，「報應來了。」[6]

儘管遭受了這麼多創傷，貝德還是帶著社會永遠無法給予他的禮物回歸社會了。他在回憶錄中寫道，他帶回了「以前從未完全擁有過的東西」，那是一種「對純粹美麗和生命奇蹟的感悟……文明並沒有改變我的想法。我現在的生活更簡單，更平和」。[7]

當貝德和麥肯迪尼斯在野外跋涉時，他們頑強地保持著孤獨的品格，引發了人類的思考：我們的進程是否幾乎已經崩塌？

我和一位名叫德里克的少年交談過，他告訴我，對他來說，與自然交流代表得先讓朋友成為「指定的聯繫人」（designated texter）。他說完這句話時，刻意停頓了一下。

最後我問：「什麼是指定的聯繫人？」他的解釋令人心碎：德里克和他的朋友們被焦慮的父母的訊息所淹沒，為了在探索時感到適當的自由，他們被迫想出了一些詭計。六個電話號碼將被「指定的聯繫人」看顧（他們輪流擔任），透過這個方式，他們終於獲得自由，能到樹林漫步，或到海灘去，相信自己至少有幾個小時不會被打擾。而那個指定的聯繫人則待在地下室或臥室，用電腦看電影消磨時間，向那些感到有必要聯繫孩子的父母送去不冷不熱的回覆。聯繫人提供平淡的保證，都是為了讓父母們放心。

令我印象深刻的不是欺騙本身，而是這些年輕人（總是被媒體描述為「低頭族」）已經將失聯引入了他們的生活。與朋友們一起離開時，他們並沒有經歷完全的孤獨，但他們正在降低聯繫頻率，從中斡旋，以體驗大自然的真實與親近。在幾十年前，他們的父母其實已經理所當然地經歷了這種與自然的交流。然而，他們只能透過詭計來實現這一目標。他們就像盜賊，被迫偷走與自然的相遇。我們談到貧困兒童有權使用網路時，也許還需要討論他們親近自然的權利。

像德里克這樣的數位時代的居民生活在一個奇怪的悖論中。一方面，他們一生都在探索父母做夢也無法企及的領域，例如：「翼手龍A片？那我就不客氣囉。」另一方面，他們在現實世界中受到實際的束縛，其程度簡直像是脫離不了父母的韁繩。例如，在英國，自一九七〇年以來，兒童在家周圍自由玩耍的半徑縮小了百分之九十。[8]《失去山林的孩子》（*Last Child in the Woods*）的作者理查・洛夫（Richard Louv）描述了一種叫「自然缺陷症」（nature deficit disorder）的流行病——遠離自然的代價——包括「減少對感官的使用，注意力難以集中，以及身心疾病的發病率增高」。[9]英國著名自然作家之一史蒂芬・莫斯（Stephen Moss）為《自然信念》（*Nature Trust*）撰寫了一份報告，堅稱這「不是對現代性的不合時宜的悲嘆」，而是為了維護不可剝奪的權利，觀察事物的生長、眺望開闊天空的權利，讓人們帶著真正的自由，不受權威的約束，在海灘上點燃篝火、在鄉間徒步旅行的權利。它應該是一種走向綠色和藍色世界的權利。

我們什麼時候開始走出野外，進入擁擠的城市？曾經有一段時間，我們所擁有的只有大自然，我們進入它，成為它不可分割的一部分。我們的祖先在這片土地上遊牧了兩百五十萬年，在放牧、捕獵的地方收集植物。更近代，大約一萬年前，發生了巨大變化：從現代土耳其、伊朗和中東其他地方開始，我們的祖先開始了所謂的農業革命。他們開始操縱和照顧植物（和動物），播下種子，鏟除雜草，帶領牧群到牧場，與掠食者抗爭。這不是一夜之間發生的轉變，相反地，這些遊牧民族將自然重新想象成一種可被管控的力量。

或者，會不會是自然馴服了我們？儘管我們種出了我們今天仍然依賴的小麥、稻米和玉米來養活人口，人類的生存仍然建立在農作物的基礎之上。歷史學家哈拉瑞稱這次革命是「歷史上最大的欺詐行為」，並認為「農業革命使農民的生活更加困難，使他們比遊牧民族的生活更不盡理想」。[10]

飲食歷史學家瑪格麗特・維瑟（Margaret Visser）對此表示贊同，稱稻米是個「暴君」，它「控制著權力結構、科技水準、人口結構、人際關係和宗教習俗……一旦人類同意以種植水稻作為主要農作物，他們便要承擔不可逃脫的後果——因為自那一刻起，水稻不僅決定了他們必須做的事，還決定了他們的偏好」。[11]

依靠單一作物來養活人口是一場賭博：儘管它讓人口指數型增長，但個人的飲食結構變得單一化，人也更容易受到病蟲害和疫病的侵襲。還有人指出，就像家養動物的大腦比野生動物的小，「家養人」比農業和城市出現之前的人類也要矮小。[12]

與此同時，對作物和動物的看管需要很多人力，所以人們必須停止遊牧，在田地旁邊永久地居住下來。感謝第一批定居下來的人，正是因為他們，我們有了小麥等作物。

哈拉瑞教授指出，巴勒斯坦的耶利哥（Jericho）周圍的土地最初可養活「最多一個由一百個相對健康和營養良好的人組成的遊牧民族」，農業革命後（西元前八千五百年左右），「綠洲養活了一個擁有一千人的大型而擁擠的村莊，他們被疾病和營養不良折磨得更甚」。[13]那時，中東地區擁有了更多類似的永久定居點。

到西元前七千五百年，耶利哥市民在他們的城市周圍建造了一堵高牆，我們對大自然的剝奪得到了更大的體現——這只是其中的第一例。建這堵牆的目的可能是雙重的：可以防止洪水和敵人。第一座有圍牆的城市的特別之處在於，它象徵著脫離早期的野性世界的決心。牆體用石頭做成，厚五英尺、高十二英尺[14]；此外，人們在牆壁附近開通了一條深九英尺、寬三十英尺的溝渠。

耶利哥的工人們挖開基岩，掘出了這個和外部世界隔離的巨大堡壘——這個告別儀式對我們的祖先來說是無法想象的。這是對幾千年來一直作為家園的叢林的否認。

「野性」已被拋棄，後來我們再也沒有邀請它回來過。到了西元前四世紀，農業革命已演變成一次「城市革命」，演化出我們至今仍使用的生活方式。

二〇〇七年，城市人口超過了非城市人口。根據世界衛生組織的統計，到二〇二三年，每十人中將有六人住在城市裡。[15]目前看不到這種趨勢有逆轉的傾向。當城市像巨大堅固的警報繼續吸引著我們的時候，我們開始說服自己，這種擁擠的存在是唯一「自然」的生活方式，在耶利哥城牆外沒有任何東西可供我們使用。也許，神話中說的一切從來沒有存在過。

某天，蘇格拉底（Socrates）走在雅典郊外的鄉村小路上，他的同伴轉向他說：「你，我非凡的朋友，似乎不該在這裡……據我所知，你甚至從未走到城牆之外。」蘇格拉底回答：「請原諒我，朋友。我致力於學習；風景和樹木沒有任何知識可以教給我——只有城裡的人才能做到這一點。」[16]為什麼蘇格拉底這麼說？為什麼哲學家要摒棄「野性」，好像它沒有任何意義？也許他不需要與自然相處，因為西元前五世紀的普通生活已經與自然有太多的接觸。大自然及其危險將永遠堵在他城裡的家門口，想要把他帶走。對希臘人來說，遠離文明並回到野外的想法極其恐怖。「Eremia」——他們用來同時表示「孤獨」和「荒野」的詞——是惡人將會遭受的事物。

這種對荒野的恐懼持續了幾個世紀，慢慢地，漸漸地，荒野失去了它的致命性。一旦荒野被完全馴服，它就變得不再是一個流亡的地方，而是一個人們可以回歸宇宙的原始一體的地方。（海軍上將貝德所設想的那種聖餐。）

到了十八世紀、十九世紀，歐洲人基本上已經克服了成為狼群獵物的恐懼。我們在歌德和盧梭的狂喜中發現，對自然的態度從「Eremia」轉變為至高無上的欣賞——在人造的城鎮之外，等待我們的是壯美的自然景觀。

浪漫主義詩人的作品裡充滿了對大自然的熱愛，例如，威廉・華茲華斯（William Wordsworth）於一七九八年寫道：

春木的抽動
可以讓你看出一個人，
是道德淪喪或是善良純潔，
它比所有聖人的眼光還要準確。

甜蜜是大自然帶來的傳說；
我們的智力
扭曲了事物美麗的形式——
我們用謀殺來理解一切。[17]

當盧梭用他著名的信條「人生而自由，卻無往不在枷鎖之中」作為《社會契約論》（*The Social Contract*）開篇時，他認為，如果我們能夠回到原始的、城市出現前的自我，一切都會好起來的。盧梭本會產生一種原始的覺醒，如果他能夠見到同時代的北美居民，因為那裡的曠野變成了一個充滿「野蠻人」和野獸的地方。對美國的第一批白人定居者來說，自然是需要被征服的，而不是被欣賞的。事實上，在歐洲流行的「自然愛好者」觀念是一種奢侈品，因為城市建設和工業化使歐洲人與大自然的危險隔離開來。也許像歌德和盧梭——以及後來美國山巒協會（Sierra Club）[18]的約翰・繆爾（John Muir）這樣的浪漫主義人物——會愛上「野性」，是因為他們不必懼怕它。也許他們的熱情是一個警告，表明一種更真實的、更危險的自然體驗已經被淘汰出局。

如今，隨著城市革命達到頂峰，人類變得更加城市化，「自然缺乏症」在每棟公寓間蔓延，都市使我們以為不需要保護的人類生活的關鍵部分更加模糊不清。像理查德・洛夫（Richard Louv）這樣的自然運動人士放棄了詩歌，轉而用更多的研究來證明城市使我們的感官經歷變得貧瘠，且可能導致自我的貧瘠，剝奪洛夫所說的「真正的人類智慧所需的謙卑感」。[19]

但是，當我們過於頻繁地關注社會，過於遠離海邊有鹹味的空氣或失去在黑暗森林裡對看不見的東西敏銳的直覺時，會發生什麼呢？我們真的要拋棄更好的自我嗎？

越來越多的研究表明了這一點。例如，倫敦大學的一項研究發現，納米比亞（Namibia）偏遠的辛巴族人（Himba）在露天灌木叢中生活，他們比城市化的英國人更能夠集中注意力，獲得了更大的滿足感。當那些部落成員進入城市中心後，他們的注意力和滿足感會下降至英國人的平均水準。[20] 開展這項研究的卡琳娜・林內爾（Karina Linnell）博士對辛巴人的優秀程度感到驚訝。[21] 她對英國廣播公司說，這些深刻的差異證明了「我們生活方式產生的作用」，她認為過度擁擠的城市環境改變了人們的心態。林內爾還建議雇主，如果想要得到最好的勞動力，就應考慮將其所需的員工安置在城市之外。[22]

與此同時，在史丹佛大學的一項研究中，參與者首先接受了大腦掃描，然後分別來到草地上和交通擁擠的街道上，之後再次接受大腦掃描。在城市環境中行走的參與者明顯具有更深的「反思」，研究人員認為這種沉思和自我批判的狀態與憂鬱症相關。在城市中，大腦反思活動比較活躍，而到了自然環境中，這種活動的頻率便會下降。[23]

大自然的照片將增強你的情感和趣味。[24]森林中的短途旅行（在日本被稱為「森林沐浴」）可降低皮質醇分泌、增強免疫力。[25]無論貧富，學生在綠色的環境下會表現得更加優秀。[26]綠色可以緩解壓力，增強我們對逆境的抵禦能力。身處大自然還可以提升我們的嗅覺、視覺和聽覺能力。[27]類似的數據數不勝數。

這些益處的累積效應對匆忙的城市靈魂來說似乎是一種潤滑劑。在十九世紀，隨著城市化開始大規模擴張，擁擠骯髒的城市街道——用狄更斯的《遠大前程》（*Great Expectations*）中皮普（Pip）的話來說——「充斥著污穢、油膩、血和泡沫」，醫生們經常為患有焦慮症的人們開具「大自然」的藥方。城市的煙霧和噪聲被視為真正的外來影響，人們需要以親近自然的形式進行補救。療養院坐落在鬱鬱蔥蔥的田園中，以抵消城市的破壞性影響。《自然中的大腦》（*Your Brain on Nature*）一書的作者伊娃・塞爾胡博（Eva Selhub）和艾倫・洛根（Alan Logan）描述了自然療法是如何輸給讓病人能夠無限期地留在城市中的藥丸的：「格倫斯普林斯療養院（Glen Springs Sanitarium）的廣告被抗焦慮藥物甲丙氨酯佔滿了。」[28]從這個角度來看，今天的城市公民用安眠藥和抗憂鬱藥維持身體健康（超過百分之十的美國人服用抗憂鬱藥），這可能會讓我們想起赫胥黎的反烏托邦小說《美麗新世界》中的角色。不過，這樣的情況最終可能會改變。今天，隨著大自然的治療效果重新出現，一些醫生再次開始為哮喘、過動症、肥胖、糖尿病和焦慮等各種疾病開出「戶外時間」的藥方。[29]

儘管如此，大自然的好處仍然可以被忽略不計，因為管理和指導我們生活中方方面面的線上平台並沒能因提倡戶外運動而獲益。對一些人來說，即使是半封閉的城市形態，也過於「野性」了。整個園區都是按照矽谷設計的，科技工作者可以在這個「現代耶利哥」吃飯、睡覺和玩耍，這是一種消過毒的泡沫。Google 在二〇一五年發佈了新的園區設計，實際上反映了一種巨型圓頂社區的設想，旨在控制其「戶外」空間的氣候。[30]然後，二〇一六年，Amazon 開始在西雅圖總部外建造三個一百英尺高的玻璃穹頂（生物圈），員工可以在瀕臨滅絕的植物中徜徉的同時，為工作絞盡腦汁。[31]

但是荒野——真正的戶外——是需要我們交出所有掌控權的地方。我們在一個非常大的世界裡變成渺小的個體，而自我意識也會相應地縮小。我們可以完全控制社群媒體圖片和Twitter的留言推文，但離線後，我們只能控制宇宙中非常渺小的一個齒輪。美國作家馬修・克勞福德（Matthew Crawford）表示，我們的線上生活似乎比我們通常應得的影響力更大。線上遊戲、賭博和訊息系統給我們一種確定感，麻省理工學院的娜塔莎・道・舒爾（Natasha Dow Schüll）稱之為「製造確定性」（manufac- tured certainties），而克勞福德對此指出：「這種追求有助於我們在確定性很小的時候控制我們的焦慮和憂鬱」。[32]線上生活讓我感覺眼界開闊了，我好像比現實生活中更有吸引力了（當然也更健談了）。相比之下，自然世界——無論是崇高的還是無情的——都迫使我們陷入相反的境地。關掉Tumblr，步入樹林，你的身份便降了一級。我們的自我在自然景觀中是微不足道的。克勞福德寫到，在那裡，人的本身「達到了一種忘我的境界」。[33]網際網路說：「就在這裡，你到了。」吱吱作響的樹林說：「你無法知道。只是疑惑……不停地疑惑……」

我們不應該害怕這種疑惑。走出我們的房子，走出城市，就是要擺脫我們生活中的虛假和假設。這就是我們建立勇敢的新觀念或獨立的態度的方式。這就是我們瞭解自己內心的途徑。

對一些人來說，從家中出走一下子是擺脫壓抑的家庭生活的唯一喘息機會。想想十九世紀早期的英國女人，她們很少有機會參加外面的活動，當然也很少有機會逃離客廳。在《傲慢與偏見》（*Pride and Prejudice*）中，伊麗莎白・班納特決定在鄉間行走，表明她對抗傳統的內心。當她的姐姐珍待在賓利先生的家裡時，伊麗莎白獨自穿過泥地來看她，導致賓利的姐妹們根據她的外表稱她為「狂野」，說她的頭髮很邋遢：「她在這糟糕的天氣裡應該足足走了三英里，而且她是自己一個人走的，真是不可思議……她們因此對她充滿蔑視。」[34]在整本小說中，伊麗莎白毫無淑女形象，但她用自己的魅力贏得了達西先生（「她感到所有的誤會都把他帶到沒有其他人來的地方」[35]）。在這些場景中，伊麗莎白超越了她的階級，超越了得體的界限。

每當社會的要求逼迫她時，她會本能地尋求釋放的機會，然後到田野上、到山間去漫步。為什麼會這樣？也許是因為荒野是她唯一可以為自己思考的地方。一間空蕩的客廳是不夠的，她需要行走——不是悶在馬車裡，而是按照自己的節奏、自己的步調。我認為，伊麗莎白・班納特如果沒有走這麼三個小時，一定會哀嘆、後悔。她真的需要幾英畝的泥土路或骯髒的沼澤來分析自己的處境。

哲學家湯瑪斯・霍布斯（Thomas Hobbes）有一根手杖，裡面裝有一個墨水瓶，當他長途跋涉時，他可以用它寫些東西。盧梭應該會喜歡這種辦法，他寫道：「我只能在走路時冥想。當我停下來時，我便停止了思考；我的思緒只有在雙腿動起來的時候才會運轉。」愛因斯坦每天都在普林斯頓校園的樹林散步。其他著名的步行者包括查爾斯・狄更斯、德蕾莎修女（Mother Teresa）、約翰・班揚（John Bunyan）、馬丁・路德・金恩（Martin Luther King）、聖方濟各（Francis of Assisi）和賀川豐彥。為什麼這麼多聰明的頭腦似乎都喜歡遠離他們的辦公桌？這不僅僅是因為他們需要從思考中解脫出來——他們最好的一些想法正是在戶外休息中出現的。

在教育界，有一種理論可以幫忙解釋這種行為，它被稱為「鬆散部分理論（theory of loose parts）」，由建築師西蒙・尼科爾森（Simon Nicholson）於一九七二年首次提出。當他不知道如何使游樂場更具吸引力時，鬆散部分理論表明，人們需要一些隨機元素、變換的環境，以便獨立思考並拼湊自己對事物的看法。自然是鬆散部分的無限來源，而人造的辦公室或起居室是有限的。吳爾芙指出，即使是我們家的東西和傢俱也可以「強化我們對自己經歷的記憶」，並導致一種收縮的、令人窒息的後果。然而，在我們的房屋之外，我們可以逃離對一切事物沉重的回憶，並形成新的觀點和態度。

走路似乎也存在一種藝術；我們必須努力利用那些短暫的時刻。徒步旅行——甚至只是沿著風景優美的路線前往雜貨店——是一個享受獨處的機會，我們必須抓住它。我們如果被好奇的自我所驅使，走進這個沒有電話、沒有筆電、沒有網路的世界，那一定要去欣賞世間萬物。

在主流話題喋喋不休的漩渦之外，我們不僅會遇到更大的世界，還會遇到我們自己。固執的浪人威廉・赫茲利特（William Hazlitt）[36]很好地描繪了這幅畫面。當他在戶外徘徊時，他正在尋找：

「自由、完美的自由，去思考、感受、做事，能隨心所欲地……我希望看到自己模糊的觀念在微風中飄浮，而不是讓它們在爭議的荊棘中糾纏。這一次，我要用自己喜歡的方式；除非是獨自一人，否則是不可能做到的」。[37]

這是獨自在城市公園中短暫散步的禮物。在瞥見不同元素的標誌時，去發現一個人真實的屬性，而不只是作為城市大眾一分子的屬性。在這個宇宙中，除了人類和社會，還存在著無窮的事物——這個宇宙才是我們真正的家園。大阪市中心擁擠的工人可能會在上班途中穿過難波公園；多倫多人可能會在前往該市最好的書店的路上穿過三一貝爾伍德公園；紐約人可能會在前往大都會博物館的路上穿過中央公園；倫敦人可能在前往皇家阿爾伯特音樂廳的路上穿過海德公園。走出狹窄的人行道的幾分鐘內，我們可能會遇到一個新的（同時非常古老的）自己，一個和其他人完全不同的自己。

肯尼和我來到愛德華王子島的海岸線，走到數英里長的卡文迪什海灘（Cavendish Beach）。沙灘上除了我們，別無一人。再過兩個星期，這裡將迎來旅遊旺季，塗著防曬油的家庭將佔據這個地方。但在那天，這裡空空蕩蕩的，就像愛德華時代旅行者的明信片一樣。

我們五月底飛到那裡，沒有意識到，這座安靜的加拿大島嶼在大西洋的懷抱中，仍然沒有從冬眠中甦醒。那年的積雪有十八英尺高——雜貨店、賣龍蝦的小販和酒店職員說——它剛剛開始融化。就在我們捲起褲子在海灘上漫步的時候，冰層正在岸邊一點點裂開。

我們盯著海面的波紋看了一會兒。我們穿過崩塌的紅土懸崖，向著沙丘走去。沙丘的一側被潮汐風吹得光禿禿的，另一側長滿草木。肯尼說，沙丘的斜坡看起來像一塊巨大的餡餅邊緣，被一根碩大的拇指壓住。附近的冷杉樹的樹枝就像老人的手臂，光禿禿的，任憑無盡的大風把它們往內陸橫掃。

回到多倫多，我們住在一間單人房裡。那是一間面積五百平方英尺的公寓，靠近市中心。那裡總是很擁擠。每天早上，我都將一把舊的鋼琴椅拖到房間的中央，把它作為我的寫字檯。每天晚上，我們都坐在地板上吃晚餐。所以，我們在卡文迪什的廣闊空間裡陶醉了。我們爭著跑到沙丘的頂部，踩過的地方留下了我們的腳印。從沙丘上下來，我們看到靠近砂岩的東西被擠壓、變形；多年的潮汐留下的痕跡在橫截面上顯示出來。這是一棟微型的有機建築，是懸崖雕刻的佩特拉城。我們的談話時有時無，我們的步伐舒緩散漫；我們迷失在各自的世界裡。然後肯尼往沙丘之外的一個池塘走去，我獨自一人待著。海平面模糊的地平線和新鮮的沙子增強了我的感官靈敏度。現在沒有人看著你。

我上一次感到如此快樂是什麼時候？應該是——沒錯——好幾年前了。我住在擁擠的小公寓裡，我被人群擁著進入地鐵。我曾在咖啡館工作過，和朋友一起在吵鬧的餐廳吃飯，一邊點頭，一邊喊話，對方的話語只能聽到一半。但現在，我面對著這片廣闊的海洋。當然，這只能緩解一點點——而我知道肯尼就在沙丘那邊——我並沒有覺得自己完全與那個世界分離。

自然世界中有著可怕的、象徵性的話語，它在我們的生活中添加了在擁擠的大都市中找不到的意義。看看河流，我們就能看到時間的流逝。觀察橡木萌發出的新芽，我們就對未來充滿了希望。在廣袤無垠的自然中，我們可以預期一份安慰和真理，思考並理解使生活變得艱難的所有創傷和窘境。因此，當我看到海浪，看到它無限流淌的狀態時，我就得到了一些平靜與理智。

赤腳在沙灘上漫步的時候，我卻突然想到：如果獨處和快樂需要的是一片沒有腳印的海灘，如果獨處需要數英里的海浪，那麼我真正的、非度假的生活就是失敗的。不，我需要將這種感覺帶回我的常規生活，並讓它繼續在城市中存在。只有像海軍上將貝德這樣的英雄才能忍受極端嚴寒的環境，在南極生活幾個月。我們其他人只能在無人的渺小的角落過著自己的生活。不管是成為英雄，還是默默無聞，我們每個人都和自然有一個約會——一個與改變世界、改變心態的夥伴的約會——那個夥伴就是我們自己。沒有被城市馴化的我們，感受到自然賦予的勇氣的我們，準備好去發現獨處的最後一個好處：它可以將我們彼此聯繫起來。美國作家溫德爾•貝里（Wendell Berry）在他的論文集《人類的意義》（*What Are People For?*）中這樣描述一趟孤獨的漫步：

「一個人的內心聲音變得清晰明瞭。他感受到他最私密的自我的魅力。因此，人們對其他生命的反應會更加明確。作為一個生物，一個人越是和自己保持一致，就越能充分地與所有生物相互理解。」38

肯尼從沙丘回來後，看到我脫掉了襯衫，滑稽地凝視著前方。「別忘了這一切，」當我們準備回去時，我這樣告訴自己，「別忘了卡文迪什。」當我們走向小屋時（短短的一英里距離），我從口袋裡拿出一塊石頭遞給肯尼，他也拿出一塊遞給了我。

1 編注：美國海軍上將、極地探險家。

2 Richard Byrd, Alone: The Classic Polar Adventure (Washington, DC: Island Press, 2003), 84–85.

3 同前 7, 6.

4 編注：此處作者應指涉泰德・卡辛斯基（Theodore John Kaczynski），美國數學家、無政府主義者、國內恐怖主義者，綽號「大學航空炸彈客」（Unabomber），為了對抗現代技術與工業化對人類與社會的侵蝕，他於一九七八年至一九九五年間在全美範圍內有針對性地郵寄或放置炸彈，截至一九九六年四月三日被捕時共造成三死二十三傷。（來源：維基百科）

5 編注：作者文中提到的發霉種籽為野洋芋種籽，發霉是一種猜測，不過野洋芋種籽本身含生物鹼，食用多會使人虛弱。《阿拉斯加之死》的作者克拉庫爾認為，克里斯依照植物圖鑑採集食物，而「在所有已出版的文獻上，都沒有提到野洋芋的種籽有毒。」

6 同前 213–15.

7 Richard Byrd, *Alone* (London: Neville Spearman, 1958), 206.

8 Stephen Moss, *Natural Childhood* (National Trust, 2012), http://pooleprojects.net/National%20Trust_Natural%20 Childhood%20Brochure.pdf.

9 Richard Louv, *Last Child in the Woods: Saving Our Children from Nature-Deficit Disorder* (Chapel Hill, NC: Algonquin Books of Chapel Hill, 2005), 34.

10 Yuval Noah Harari, *Sapiens: A Brief History of Humankind* (Toronto: McClelland & Stewart, 2014), 79.

11 Margaret Visser, *Much Depends on Dinner* (Toronto: McClelland & Stewart, 1987), 156.

12 Kathleen McAuliffe, "If Modern Humans Are So Smart, Why Are Our Brains Shrinking?" *Discover* (Sept. 2010), http:// discovermagazine.com/2010/sep/25-modern-humans-smart- why-brain-shrinking.

13 Harari, *Sapiens: A Brief History of Humankind*, 83.

14 編注：一英尺=〇・三〇四八公尺。

15 World Health Organization, "Urban Population Growth," Global Health Observatory data, http://www.who.int/gho/urban_health/situation_trends/urban_population_growth_text/en/.

16 Plato, *Phaedrus*, in *Plato: Complete Works*, ed. John M. Cooper (Indianapolis: Hackett Publishing, 1997), 510.

17 William Wordsworth, "The Tables Turned," *The Norton Anthology of English Literature*, vol. 2 (New York: Norton, 1993),135.

18 編注：山巒協會是美國歷史最悠久、規模最龐大的一個草根環境組織。

19 Richard Louv, *The Nature Principle* (Chapel Hill, NC: Algonquin Books of Chapel Hill, 2012), 20.

20 Serge Caparos et al., "Do Local Perceptual Biases Tell Us Anything About Local And Global Selective Attention?" *Psychological Science* 24, no. 2 (2013), 206–12.

21 Duncan Jeffries, "Is Technology and the Internet Reducing Pupils' Attention Spans?" *Guardian*, March 11,

2013, http:// www.theguardian.com/teacher-network/teacher-blog/2013/ mar/11/technology-internet-pupil-attention-teaching.

22 Sean Coughlan, "City Living 'Makes It Harder to Concen- trate,'" BBC News, Feb. 20, 2013, http://www.bbc.com/news/ education-21506132.

23 Gregory N. Bratman et al., "Nature Experience Reduces Rumination and Subgenual Prefrontal Cortex Activation," *Proceedings of the National Academy of Sciences of the United States of America* 112, no. 28 (2015): 8567–72.

24 Robert S. Ulrich et al., "Stress Recovery During Exposure to Natural and Urban Environments," *Journal of Environmental Psychology* 11, no. 3 (1991): 201–30.

25 Bum Jin Park et al., "The Physiological Effects of Shinrin-yoku (Taking In the Forest Atmosphere or Forest Bathing): Evidence from Field Experiments in 24 Forests Across Japan," Environ- mental Health and Preventive Medicine 15, no. 1 (2010): 18–26; Qing Li et al., "Forest Bathing Enhances Human Natural Killer Activity and Expression of Anti-Cancer Proteins," *International Journal of Immunopathology and Pharmacology* 20 (2007): 3–8.

26 Rebecca A. Clay "Green Is Good for You," *American Psychological Association* 32, no. 4 (2001): 40, http://apa.org/ monitor/apr01/greengood.aspx.

27 Susan S. Lang, "A Room with a View Helps Rural Children Deal with Life's Stresses, Cornell Researchers Report," *Cornell Chronicle*, April 24, 2003, http://www.news.cornell.edu/ stories/2003/04/room-view-helps-rural-children-deal-stress.

28 Eva Selhub and Alan C. Logan, *Your Brain on Nature* (Toronto: Wiley, 2012).

29 Laura Smith, "Rx: 50 mg Nature, Ad Lib," *Slate*, July 25, 2014, http://www.slate.com/articles/health_and_science/medical_ examiner/2014/07/doctors_prescribing_outdoors_time_nature_ is_good_for_you.html.

30 Nathan Donato-Weinstein, "Google Campus Plan Would Explode the Concept of Buildings, Workspace," *Silicon Valley Business Journal*, Feb. 27, 2015.

31 Eugene Kim, "Amazon Is Building Three Giant Glass Domes Filled with Endangered Species at Its New HQ," *Business Insider*, June 29, 2016, http://www.businessinsider.com/amazons-giant- glass-domes-are-filled-with-endangered-species-2016-6.

32 Matthew Crawford, *The World Beyond Your Head* (New York: Allen Lane, 2015), 94.

33 同前 27.

34 Jane Austen, *Pride and Prejudice* (1813; New York: Signet Classic, 1980), 30.

35 同前 154.

36 編注：十七世紀英國著名藝術評論家。

37 William Hazlitt, *Hazlitt: Selected Essays*, ed George Sampson (Cambridge: Cambridge University Press, 1958), 143.

38 Wendell Berry, *What Are People For?* (Berkeley, CA: Counterpoint, 2010), 11.

毫無疑問，獨處是一種挑戰，想要維持內心的平衡是一件困難的事。但是我不能忘記這一點：對我來說，一直和人們，甚至是和最愛的人在一起，沒有獨處的話，生活將會更糟。我會失去自己的中心，我會感覺自己是支離破碎的。我必須有獨處的時間，來審視每個際遇，來享受它的美好。

——美國作家　梅・薩藤（May Sarton），
《獨居日記》（*Journal of a Solitude*）

第四部

Knowing Others

瞭解他人

9 社會故事

我走進凱斯・奧特利（Keith Oatley）在多倫多大學的辦公室時，注意到一本破舊的吳爾芙的《三枚金幣》（*Three Guineas*）放在他的桌子上——這種書聞起來帶著一點杏仁和潮濕的味道。

奧特利和我打招呼的時候，他的手碰到了書的封面，我有一種打擾到他的感覺。奧特利已經七十五歲了，他是個有稜有角的智者，眉毛濃密，說到重點的時候，他的眉毛也會跟著起伏。他既是小說家，又是認知心理學榮譽教授；正是這種罕見的組合吸引了我——奧特利一生致力於研究我們在閱讀過程中思維的運轉情況。

我想到了一個問題，坐在奧特利對面的學生椅上，我試著把它講出來。普魯斯特（Marcel Proust）[1]曾經把閱讀定義為「在獨處中進行交流的富有成效的奇蹟」。[2]我說，我想更好地理解這句話的意思。我們如何「在獨處中」進行交流？為何要這樣交流？我們從書中獲取的訊息會因獨處的狀態而出現哪些變化？讀者的孤獨所產生的「富有成效的奇蹟」究竟是什麼呢？「普魯斯特，」最後，我說，「所說的到底是什麼？」

奧特利瞥了一眼窗外，說：「閱讀與我們的日常生活截然不同，不是嗎？」這一點很明顯，有那麼幾秒鐘，我擔心他會停在那裡不說了。但他隨後將一隻手握在另一隻手裡。「當我們閱讀時，我們可以成為別人。這是一個隱喻的過程。一個人的自我可以變成伊麗莎白・班納特或安娜・卡列尼娜。他可以成為那個虛構的主角。我們可以體驗更多的人生。」如果吳爾芙能夠替桌面上的《三枚金幣》說話，她可能會引用她寫給埃塞爾・史密斯（Ethel Smyth）[3]的一封信中的話：「閱讀的狀態就是完全消滅自我的過程。[4]」人們經常說，在書中迷失自我。我想，這就是他們的意思。我們圍繞自己建立的堡壘是一個偽裝的「自我」，在日復一日的生活中保護著我們，而一部優秀的小說，讓一個新的聲音、一個新的身份，覆蓋住我們原有的自己。

當我閱讀納博科夫（Vladimir Nabokov）的《蘿莉塔》（*Lolita*），花了幾天時間接受戀童癖者和兇手的聲音，或者當我讀伊迪絲・沃頓的《歡樂之家》（*The House of Mirth*），瞭解到一個女性如何忍受厭女社會的局限時，這些是經驗的禮物。但是這些禮物只有在我安靜下來的時候才能被我收到。這個過程——在獨處中思考——是讀者在多年來一直在訓練自己做的事情。最終，讀者為這一過程培養出了一份才能，然後開始培養我們更加需要的能力——共感。奧特利說，保持閱讀習慣的讀者學會了持有不屬於他們自己的觀點和想法。我們不僅要發現新的想法，而且要用它們來生活，吸收它們，關心它們。其他人——如約克大學心理學家雷蒙德・馬爾（Raymond Mar）——已經做了核磁共振掃描，支持了奧特利的研究。[5]閱讀小說時所使用的大腦區域佔整個大腦的很大一部分，這個區域幫助我們瞭解日常生活中的其他人。當我們閱讀時，大腦讓我們感到自己正在經歷英雄經歷的事情。孤獨的讀者排練著他人的生活。我認為這就是共感的定義：排練他人的生活。

但是，那種孤獨的閱讀體驗以及它所培養的同理心現在已經瀕臨滅絕。我們的故事正在社會化。我們可以假設，在三十年內，讀者和作者將使用平台技術不斷地交流和塑造彼此，這也許會更好，也許會更壞。作者將尋求群眾外包的方式和人工智慧來幫他們撰寫故事。（事實上，我知道一位作者推出了一款專門的應用程式，可以讓粉絲為她即將出版的書籍進行合作。[6]）這些作者大多會以表演者和商標的身份獲得薪水。在非虛構類的世界中，許多作者已經將書籍視為反向設計的 TED 演講，將書當成名片來寫。書籍本身很少作為獨立的事物存在，它們通常是交叉促銷（cross-promotional）的產品，與應用、遊戲、歌曲和電視機並行。（我注意到今天的非虛構類暢銷書是成人閱讀的

《哈利波特》著色書。）我們選擇閱讀什麼書，取決於我們訂閱的平台的目錄。我們閱讀的故事不是靜態的文本字符串，它們會根據個人喜好有所變化（英雄的種族和性取向會隨著你的喜好而變化）。目前的流行趨勢也將被加入進去；流行歌曲、雞尾酒和總統名字都將成為敘事中的動態元素，反映著當下，而非過去。

我們已經為這種社交閱讀（social reading）體驗做好了準備。超過一半的電子書買家在智慧型手機上閱讀他們購買的產品，主要透過手機來閱讀的人數比例從二〇一二年的百分之九上升到二〇一五年的百分之十四。[7]當我們在這些用來社交的設備上讀書時，我們期待評論式的文字和感嘆詞不斷出現。這不僅僅與注意力範圍有關。二〇一六年達特茅斯學院（Dartmouth College）的一項研究發現，即使我們在使用數位平台時專注於文本，我們的注意力也集中在對具體細節的理解上，而非文字背後更加高深的意義上。這也許並不奇怪。在三百名參與者中，那些在數位平台上閱讀的人明顯不太能夠做出推論或進行抽象思考。[8]所以，即使可以關閉提示和訊息 app，社交設備本身可能仍然不適合深度閱讀。塔夫茨大學（Tufts University）的神經學家瑪麗安娜・沃爾夫（Maryanne Wolf）專門研究閱讀時大腦的功能，她認為我們的智慧型手機實際上站在「深度閱讀的對立面」。[9]

相比之下，那些知道如何持續地獨坐一處的讀者和作家，那些知道如何融入另一個人的生命中的人，便顯得非常奇怪，甚至顯得很原始。

托爾斯泰和普魯斯特的書籍，無論其本身多麼優秀，都越來越多地被視為技術史上特定時刻的副產品，坦白來說，那個時候的人們沒有其他方式以供娛樂。那位十九世紀的貴婦聳聳肩：「在接下來的八小時裡，我想坐在這張椅子上，烤烤火。」儘管螢幕時代也出現了一些成功的大部頭書籍，如《金翅雀》（*The Goldfinch*）或《夜光》（*The Luminaries*），但有些人認為，我們正在目睹過時技術的苟延殘喘，我們應該放棄那種孤獨的敘述方式（也就是指書籍），接受一個道理：真諦不會透過漫長而單一的文本傳遞，而會透過各種評論和重塑彼此的聲音被發現。《連線》雜誌的創刊執行編輯凱文・凱利（Kevin Kelly）對「書籍是『孤立的物品』，彼此獨立」這一說法感到惋惜。[10]媒體學者克雷・薛基（Clay Shirky）認為，我們正處於人們只是假裝喜愛托爾斯泰和普魯斯特的境地，因為大家認為他們應該這樣做。《戰爭與和平》（*War and Peace*）「太長了，而且不那麼有趣」，這些古書「只是生活在貧困人口環境中的副產品」。而現在，我們已經走過了那個時代，來到了「最具表現力的時代」。[11]這種說法讓我想起了另一種技術的入侵，這種入侵來自西元前四千年。

寫作，當它第一次出現時，是一種強大的破壞性技術。[12]如果想要復興傳統的閱讀，那就需要我們接納一種非常不同的精神狀態。加州大學柏克萊分校心理學家艾莉森・高普尼克（Alison Gopnik）描述了寫作的發明「劫持」曾經只負責視覺功能和言語功能的大腦區域的過程。[13]同時，閱讀障礙等疾病突顯了這樣一個事實：我們的大腦很容易發現這種劫持的愚蠢。

「就人類進化而言，」瑪麗安娜・沃爾夫說，「大腦從未打算習得閱讀這項本領。」[14]所以，當你學會從這些微小的黑色符號中解析意義時，你的大腦陪審團將為其他目的來設計區域之間的「電路」。如果閱讀不是「自然的」，為什麼我們現在要頻繁地做這件事呢？我們為心智變更了「線路」，換來了什麼呢？

當詞語被寫下來後，它們是靜止的，它們會失去閒聊時的混亂和活力。我們將這種活力轉化成了新的東西：篇章——書頁上強大誘人的結構。書面文字可以供我們字斟句酌——這種情況既存在於思想創作，也存在於思想理解。它允許複雜的思想在一個文盲世界的微風中旋轉。牛津大學的神經學家蘇珊・格林菲爾德（Susan Greenfield）認為，文學思想實際上是思想本身的放大——「正如我所看到的，這種連貫的思想是思想的精髓所在，它是區分一連串的思想和一個如大笑或尖叫這種瞬間情緒的關鍵所在」。[15]書籍擴展了我們思維序列的範圍；它們授予我們超人的能力，將大腦水準提升到新的高度。

我們很容易忘記這種提升的真實性。書的連貫有序包括許多精確的規範，是文學世界賴以生存的隱形支柱。例如，名為「全連寫（scriptura continua）」[16]的古老文字在單詞之間沒有空格——人們期望書面文字僅作提醒、備忘之用，用於真正需要大聲說出單詞的時刻。隨著書面文字脫離口頭傳統併發掘出了更多獨立的領域，用於理解書面文字的其他小工具，如大寫字母、標點符號和新段落的縮排，也進一步被發明出來。

所有這些慣例最終導致了一種謎一般的體驗，麥克魯漢將其描述為「我們從左到右的奇幻追逐」。[17]一本好書訓練我們放棄我們面前的環境，訓練我們陷入想象中的其他環境，讓書中的生命可以肆意生長。而重要的是，當我們將自己與周圍的世界分開時，我們會接近更大更遠的事物——一些不可名狀的事物。

對那些第一次遇到它的人來說，這種建立孤立聯繫的奇蹟一定是非常奇怪的體驗。中世紀的讀者在第一次看到人們默默閱讀時會感到困惑：不能大聲唸出文字，把它們裝在腦袋裡面是很奇怪的。如果可以回到過去，你就會看到一個典型的中世紀讀者坐著看一本書，他簡直像個孩子，一邊看一邊唸出每個字詞，用手指戳著每個頑固的文字。[18]

即使是博學的聖・奧古斯丁（St. Augustine of Hippo）第一次看到有人靜靜地讀書，也會嚇一跳。他在《懺悔錄》（*Confessions*）中詳細描述了主教安布羅斯（Ambrose）是如何在不動嘴的情況下閱讀的：令人驚訝的是，「他的內心找到了意義」，而他的嘴沒有發出聲音。這種新的保密形式令人著迷。

到了西元十世紀，沉默、孤獨的閱讀變得更加普遍。[19]透過這種自我沉浸式的閱讀，讀者也進入了人類思想的一個新舞台。但那個舞台只是一種技術革新的結果。無論它變得多麼普遍，在接下來的幾個世紀中出現的孤獨閱讀的文化從來都不是自然的產物，它提供的共感工具也從來不是自然而來的。今天，平台技術磨滅了文學敘述固有的孤獨，我們不知道它們是否也能消除我們的同理心。

「他只是不能按你所希望的方式來愛你，並不代表他不會用他擁有的一切來愛你。」二十四歲的安娜・托德（Anna Todd）用她的手肘推著一輛購物車在過道上行駛，以便在她的 Android 手機上打字。她的拇指在玻璃表面上滑過：「我們完全不同，但同時也是一樣的。」她正在寫的小說將成為暢銷書，它會觸動數百萬人的心。「我像蛾撲向他的火焰，他毫不猶豫地將我燒毀。」它真的會成為暢銷書。這將是出版業無人預見的最大一筆交易。托德的章節是她在旅途中透過一個名為 Wattpad 的業餘作家的社交平台發佈的，下載次數最終將超過十億次。一罐食物被放入購物車，再加一包電池。「我不希望他把自己想象成一個怪物。」這一章已經完成，托德在排隊等候時發佈了這一章。她已經能想象會收到成千上萬的回應——關於情節轉折的建議、修改建議、增加的閱讀量以及無數的讚美。她的書是一個全球性的現象，她甚至沒有寫完。

托德一直是一個完美的粉絲。她十三歲的時候住在俄亥俄州的代頓（Dayton），夢想著離開那裡，她瘋狂地迷戀著喬許・哈奈特（Josh Hartnett）。然後，她喜歡上了《暮光之城》（*Twilight*），後來是《格雷的五十道陰影》（*Fifty Shades of Grey*）。十八歲時，她嫁給了高中男友（一名士兵），跟隨他到德州的胡德堡（Fort Hood）。托德在那裡的一家鬆餅店當服務生與化妝品櫃姐，在網路上瀏覽她最喜歡的同人小說。到了二〇一三年，她又出來找工作，也許是出於無聊，她的注意力轉向了英國男孩樂隊——1世代（One Direction）——尤其是那個頭髮蓬鬆的萬人迷哈利・史泰爾斯（Harry Styles）。

托德與普通女粉絲的區別在於她的深度見解。她開始閱讀微型同人小說——被叫作「無意識想象」——小說的一些內容有時被用作在 Instagram 上發佈照片時的說明文字。這些想象將托德帶到了 **Wattpad**，在那裡，許多同樣的作家正在將他們的幻想編寫成完整的小說作品。該平台具有扮演功能，因此作者可以簡單地「扮演」角色中的名人，而無須完整地描述他們的角色。哈利・史泰爾斯是男主角的熱門之選，泰勒絲（Taylor Swift）則是最受歡迎的女主角人選。在一部熱門作品中，史泰爾斯是一個販賣女性奴隸的集團中的一員；在另一部作品中，吸血鬼史泰爾斯偷走了剛生下五分鐘的女嬰，因為他知道這個女孩會成為他的「伴侶」。（在大多數作品中，史泰爾斯總是被一個無助的女孩深深吸引，最終女孩子也回應了他的期待。）

安娜・托德寫的故事叫作《後來》（*After*），這部小說在很多方面都是經典的 Wattpad 式幻想：身上佈滿刺青的男孩必須被一個好女人的愛所馴服。放蕩不羈的史泰爾斯在華盛頓州立大學遇到了處女泰莎・楊。他太可怕了。他酗酒，惹她哭。然而他的魅力又無法阻擋。很快他被泰莎的愛改變了，回歸到他真實高尚的自我。他們躺在乾淨的綠草地上，哈利用胳膊撐著上半身，看著她。這一切都是那麼誘人，但在她準備好之前，他不會侵犯她。「我覺得我好像是冰，他就是火。」泰莎沉思著。

當 Wattpad 的內容負責人阿什莉・加德納（Ashleigh Gardner）注意到托德的小說下載量達到數千萬時，認為應該聯繫她。她問托德是否有興趣讓 Wattpad 擔任她的經紀人，想不想讓 Wattpad 將她的作品賣給真正的出版商。托德很多天都沒有回信，因為這個建議聽起來「並不真實」。但 Wattpad 最終說服了她，將這部作品以六位數的價格賣給了西蒙與舒斯特出版社（Simon & Schuster）——Wattpad 也從中分得了一杯羹。這部作品現在成了一套包含四冊書的系列小說，在三十個國家發行。派拉蒙影業公司（Paramount Pictures）還購買了其電影版權。

怎麼回事？怎麼會發生這樣的事？我——自命不凡的老式抄寫員，一個信奉藝術碩士學位，穿著被咖啡漬弄污的浴袍的恐怖作家——站在一邊不知所措。托德的散文是自發創作的，更像聊天內容而不是傳統文學。楚門・卡波提（Truman Capote）[20]對凱魯亞克（Jack Kerouac）的《在路上》（*On the Road*）的評論浮現在我的腦海中：「那不是寫作，那只是打字。」如果文學寫作是透過堆積的方式來組合我們腦海中自發產生的思維的過程，那麼《後來》就不能被稱為真正的文學作品。這是一種自動的非口語過程的結果。這是漫談閒聊，充斥著強烈的性慾，由碎片式的篇章組成。它取得了非常大的成功。

《後來》是其作者在現實的技術上產出的結果。托德用這種方式解釋了她的成功：「為了出版一本書，人們花了十年時間。他們有學位，他們比我聰明得多，而且他們的語法可能比我好。但我會使用網路，這就是使我與眾不同的原因。」[21]

在我瞭解托德的工作，以及使她人氣飆升的平台後，我開始懷疑我是否錯過了這次大潮。二十一世紀的敘事風格是否離我越來越遠？是我離開了，提著行李，在碼頭上揮手道別嗎？新的敘事形式代表著作者和讀者有了更多的依賴關係。看來古老的文學模式——作家和讀者只存在於各自的孤島中——已經終結了。

Wattpad 自稱為閱讀者的 Youtube，它允許任何人免費發佈和下載小說。該平台的用戶大多是年輕的（百分之七十八的用戶年齡在二十五歲以下）女性（與男性的比例為三比一）。他們也是某種形式的粉絲，根據《權力遊戲》（*Game of Thrones*）或《哈利波特》的情節編寫、閱讀故事。那裡還有一種關於品牌的同人小說《星巴克的錯誤》（*The Fault in Our Starbucks*）；有跨界小說《加勒比海盜遇見恐怖洛基》（*Pirates of the Caribbean meets Rocky Horror*）；有一些靈感來源自瘋傳的網路迷因，例如《來自 Target 百貨的艾力克斯》（*Alex from Target*）小說裡，一個可愛的德州百貨公司店員被顧客拍下一張照片後，掀起了全球等級的痴迷）。甚至還有靈感來源自 app 的小說（在一個卡夫卡式的作品中，金・卡戴珊〔Kim Kardashian〕「陷入自己的遊戲」）。Wattpad 上的作家不斷發表著他們的作品，一邊寫作，一邊上傳章節。作者發佈章節後，網站會通知讀者。然後，讀者評論故事的進展，熱衷地評論誰是熱門人物、誰是「賤人」，並糾正情節中的漏洞。錯別字和語法問題被忽略了。寫作是互動的過程，幾乎是協作完成的。

我在《後來》被運送到世界各地的書店時設法和托德聯繫上了，我問她把作品發表在書面上的感覺有何不同。她告訴我：「我只有一位編輯，這讓人感覺很奇怪。我已經習慣了成千上萬的編輯，你明白嗎？在我發佈一些東西之後，我習慣花幾個小時閱讀評論，這些評論會幫助我改善故事情節。但是，跟西蒙與舒斯特出版社（Simon & Schuster）的編輯合作後，我傳一些東西給他時，就會得到一陣奇怪的沉默。我習慣至少立刻從讀者那裡得到一個『Yay.』的方式。」

這次，我也有機會成為一名社會作家。一家科技公司讓我為他們正在開發的應用程式創作一個故事，這個故事講的是「選擇你自己的冒險」。用戶可以透過閱讀簡訊來看完這個故事，然後將文本回饋給「敘述者」。根據讀者輸入的內容，故事可以分為十幾個方向。應用程式會在閱讀器的文本中找到可能的關鍵詞，因此，讀者可以學會避免細緻的或創造性的回應。出於某種病態的興趣，我試圖強迫自己開始以這種方式創作。

在打開他們的寫作平台後，我看到了黑色的螢幕和一套工具。我可以創建一些「內容庫」（即故事），並建立這些內容庫之間的聯繫，而每個聯繫都將由讀者文本回覆中的關鍵詞觸發。我讀了關於如何使用程式的七頁說明——如「使用通用短語」和「讓你的選擇更加明顯」這樣的建議。我寫了一個開篇庫，結尾以「是／否」問題分成了兩個故事情節，這兩個故事情節又細分為四個小故事。現在我有四個不同的故事，但我只想講述其中一個故事。我停下來，盯著螢幕，覺得螢幕上的所有單詞都在游動、下降。而我唯一確定的是，社交寫作的這一分支不僅是一種新的「風格」，更是一種新的工藝。我之前對敘事的態度都是錯的。

我參觀了 Wattpad 的豪華總部，為的是親眼看看它是如何讓社交寫作取得成功的。這個地方位於多倫多市中心的海濱附近，有很多懶人沙發和大家腦力激盪過後留下的塗鴉牆壁。「當然，我們確實擁有科技創業公司特有的乒乓球桌。」接待我的這位風度翩翩的通訊專家說。然而，辦公桌旁幾乎完全是空的。「這裡平時是有人的。」專家向我保證。我告訴她，在平台技術時代，只需要一百名員工就可以接觸到如此多的用戶，這真是個奇蹟。四千萬用戶在網站上發佈故事（沒有薪水）並下載它們（沒有付款）。總而言之，大家每月在 Wattpad 上花九十億分鐘，用五十種語言寫下了不同的故事。但是，當你讀到這個數字時，這個數字已經作廢了，因為那裡的每一秒都會發佈新的閱讀材料。

該網站的聯合創始人艾倫・劉（Allen Lau）在一個名為「我愛 Wattpad」的房間裡接待了我。[22]他是一個性格開朗、身材勻稱的人，戴著眼鏡，看上去樂觀向上。自從二〇〇七年在手機上閱讀了《白鯨記》後，他一直認為移動和社交技術是敘事方式的未來，在討論他的作品時，他的語氣像個福音派信徒。「我們在這裡做的事情是帶有網路屬性的，」他告訴我，「這些故事是互動的。」事實上，交互式作者已經開始為他們的虛構角色創建虛擬的 Wattpad 賬戶，並允許他們加入論壇的對話。於是，評論湧入敘事，敘事又回饋到評論中。

Wattpad 的另一項創新，是劉將事物貨幣化的方式。例如，為電影《生命中的美好缺憾》（*The Fault in Our Stars*）發佈的廣告是針對那些點擊 Wattpad 上其他催人淚下的浪漫故事的讀者投放的。同時，在該網站頗受人們歡迎的菲律賓，聯合利華集團（Unilever）贊助了一些年輕人可能使用的產品。（在菲律賓拍攝的電視迷你劇中也出現了「Wattpad 出品」的字樣，它帶來了生活中流行的 Wattpad 愛情故事。）「五年前，如果你告訴讀者一個故事沒有獲得贊助，他們會非常沮喪，」劉說，「但是往後的五年，不獲得贊助變得理所當然。最終，如果消費者沒有被廣告訊息轟炸，這件事也許是可以接受的。」

雖然 Wattpad 像所有平台公司一樣，已經找到了透過無償用戶的勞力賺錢的方法，但劉認為它也為潛在的作家提供真正的好處。「在傳統出版的舊模式中，人們在獲得回饋之前必須完成整本書。然後，你必須等待代理人，等待編輯。」劉給了我一個坦誠樸實的微笑，「網路為作家提供了新的選擇。我認為這是一個強大的選擇。寫作的未來將會有很大不同。」

或許，考慮到這未來的獨特，傳統出版滿足不了安娜・托德的慾望，也就不足為奇了。儘管已取得了巨大的成功，但她仍然計劃繼續在 Wattpad 平台上寫作。托德一點也不為沒有稿酬而生氣，反而非常迷戀 Wattpad，她覺得用 Word 這樣的工具寫作很不舒服。「要是不在 Wattpad 上寫，我會覺得很奇怪，」她告訴我，「即使要為西蒙與舒斯特出版的書寫一個新的結尾，我也不得不在 Wattpad 平台上進行。這真是奇怪。」她認為 Word 已經失去了存在的意義，就像打字機或紙莎草。「我相信將來所有的寫作都會是這個樣子，」她告訴我，「作者和讀者之間的第四道牆不需要存在。」

情況仍然模糊不清。為了理解社交寫作的體驗，我還必須看看社交閱讀的體驗——兩者是同時進行的。我認識了鮑伯・史坦（Bob Stein），他在這些問題上頗有看法。史坦是個七十多歲的紐約人，十三年來，他領導了標準收藏公司（The Criterion Collection）[23]的發展。他率先看到了標準收藏這種電影庫的優勢，它能夠將幾小時的電影旁注塞到雷射影碟或DVD中。被刪除的場景可以恢復，更重要的是，導演可以用評論來裝飾他們的電影（標準收藏的電影是第一個包含逐場音頻評論的電影）。消費者想要瞭解關於電影的周邊對話。這是一個非常出色的舉動，注入了社會的新生力量。當馬丁・史柯西斯（Martin Scorsese）以一種直接指向你的語氣談論《四海好傢伙》（*Goodfellas*）的製作時，你會感到自己很強大，並與曾經高高在上的好萊塢聯繫起來了。

史坦對評論的新嘗試更具社交性。他是書籍未來研究所的主任，該學院的任務是影響「新形式的知識表達和話語的演變過程」。[24]其中的關鍵因素在於，他們的SocialBook平台允許任何讀者在各種電子文本的周邊進行評論，與常駐這些邊緣地帶的群體聊天。這是一種實時的、永久的圖書俱樂部，一旦被正確利用後，會產生巨大的影響。「人們在嘗試社群閱讀之前，是不會明白這些的。」史坦告訴我，「特別是對在獨自閱讀中長大的一代人來說。這就像對一個六歲的孩子解釋性愛一樣。這聽起來並不是很有趣。」我用孤獨的讀者（solitary reader）這一舊概念挑戰他，蜷縮在篝火旁，但是史坦並沒有理會。「人們認為他們希望在書中獨自徜徉，但是，一旦你有了透過觀看評論的方式豐富你的理解的體驗後——我告訴你，這會改變一切。這是一種深度的體驗。」

「沒有人想要獨自閱讀，」史坦繼續說，「電子閱讀的可行性將變得越來越有趣。印刷書籍可能也有未來，但僅僅作為藝術品存在。而且，隨著閱讀變得社會化，協作努力將變得有趣、富有成效。」

在曼哈頓上東區著名的道爾頓學校（Dalton School），索爾・蓋坦（Sol Gaitán）在過去三年中一直用 SocialBook 這個平台為學生上西班牙文學課。蓋坦本身就是一個孤獨的人；她喜歡閱讀紙質書籍，避免使用 Facebook 這樣的平台。然而，她現在稱自己是社交閱讀運動的先驅。

當我與她交談時，她一直在和道爾頓的三個高中生閱讀《唐吉訶德》（*Don Quixote*，十七世紀西班牙語的完整版）。她的學生們在螢幕上閱讀這本千頁的書，然後，他們在螢幕邊緣留下了一些評論。

「起初他們不喜歡這樣，」蓋坦告訴我，「他們很生氣，因為只要有人對文字發表評論，平台就會不斷向他們發送提示。但很快他們就發現這就像他們使用的社交媒體一樣，就像發簡訊或推特一樣。」蓋坦指出，SocialBook 也讓學生更難偽造自己的閱讀體驗，因為它記錄了你的進步——所有這些評論都成了麵包屑，證明讀者曾來過這裡。

在過去的幾個世紀，「閱讀可能已經成為一種孤獨的行為」。蓋坦告訴我：「但是，當書籍不那麼常見後，當它們被大聲朗讀給一群人時，它們就變得更公開了。所以，在某種程度上，我們會回到過去。我們回到了坐下來聆聽讀者想法的時代。這非常像以前的說書。而且我猜測，就像現在的一切都帶有社會性一樣，閱讀將隨著時間的推移變得更具社交性。」蓋坦覺得這個過程非常令人興奮，它不僅僅是一個方便的教學工具。「我曾經在我的書邊緣做筆記，那些想法最終會回到我的書架上。現在，我把筆記寫在電子圖書的邊緣，它可以被分享。我覺得，這非常重要。」

與此同時，我還在努力為那家初創公司創作一個故事。在這種情況下，讀者的回饋不僅是「非常重要的事情」，更是故事進展的基礎。但我無法圍繞這個前提——十幾條線索（其中任何一條都能與其他所有線索相交）最終導致十幾個不同的結局，而這些線索都取決於未知讀者的感受和反應——轉動我的思緒，更別說還要考慮演算法自己的偏好了。我想知道，如果讀者最多只閱讀作品的百分之十，我為什麼要付出努力來處理這些線索中的文本？社交式的敘事讓我脫離了句子，讓我進一步忽略了自己的寫作技巧。我很驚訝地看到媒體的變化能夠使我的態度轉變得這麼大。

早在一九九七年，昇陽電腦（Sun Microsystems）就研究過人們是如何在線閱讀和寫作的，並發現它與歷史上的閱讀方法和寫作方法幾乎沒有相似之處。只有百分之十六的人以他們讀書的方式閱讀網頁。大多數人只是瀏覽網頁，從一個角落到另一個角落，以狩獵—採集的方式選擇短語和圖像。該研究的作者雅各布・尼爾森（Jakob Nielsen）描述了人們是如何以這種方式在線閱讀的：「他們根本沒有閱讀。」[25]

為了適應新媒體的性質，內容生產者被鼓勵創建可讀性強、簡潔客觀的文本——帶有項目列表的篇章，每段最多表達一個思想。從那時起，人們對線上文本進行了各種改進，以提高其可用性，但這就代表著我們對媒體的屈服，而不是媒體對我們的服務。我們並沒有簡單地將原來的閱讀習慣轉移到網路上。我們縮寫單詞，突出了自己，為自己加上超連結。到了二〇一〇年，研究人員發現我們學會了關注電子郵件中的預覽模式和主題。[26]

我們將思維中的類比法數位化。然後，專家鼓勵行銷人員和出版商將「消費者會在移動端進行閱讀」這一事實考慮進去，因此，文本應被進一步縮短和簡化，以適應微型螢幕和移動的注意力——我們學會了碎片化閱讀，以保證高效率。當然，如此激進的閱讀體驗也使得內容得到更廣泛的分享。劉的社交敘事法這一新形式得以推廣。

隨著我們的社交衝動回到表面，技術決定論者認為，我們的寫作生活不可避免地會出現下一次古騰堡規模的轉變。SocialBook 和安娜・托德讓我們第一次看到以當前水準無法理解的一種新式／舊式的敘事方法。畢竟，這只是社交文本的重要組成部分。在古騰堡建立第一家印刷出版社時，其他人還沒想過要幫書頁編號，而現在，六十年過去了。誰知道未來幾十年社交文本將會有哪些創新呢？

社交閱讀和寫作的出現是否可以取代獨自閱讀和寫作的優越性——它們無處不在的專注力和靜默的同理心——以及任何具有同等價值的優點？這些都還有待觀察。也許會有新的散文風格出現並流行起來。在七世紀，便宜的紙莎草突然出現時，掀起了一陣希臘抒情詩的熱潮。難道我們的社交技術狂潮不會再次帶動創造力的爆發嗎？

聰明的人已經在探索這種可能性了。例如，詩人肯尼思・戈德史密斯（Kenneth Goldsmith）在賓夕法尼亞大學（University of Pennsylvania）教授一門名為「在網路上浪費時間」的課程，其中數位化的注意力分散是必須具備的，因為他堅信網路的狂熱狀態可以開啟創意寫作的新領域。作為一名超現實主義者，他說，「電子的集體無意識」可以產生新的作品，「以一種尚未被認為是文學的方式」。[27]

像珍妮佛・伊根（Jennifer Egan）這樣優秀的作家已經發表了數百則推文形式的故事（不過，在新舊形式混合的情況下，伊根仍然選擇《紐約客》的 Twitter 帳號發表故事）。艾倫・狄波頓（Alain de Botton）在希斯洛機場直播寫作的過程，路人則看著他發光的螢幕。《機場裡的小旅行》（*A Week at the Airport*）讓人大吃一驚，同時它也是作家式的巡迴演出。瑪格麗特・愛特伍（Margaret Atwood）已經在 Wattpad 上發表了一個僵屍故事（愛特伍對那些認為她應該「為文學站台」的人嗤之以鼻）。[28]

在我自己嘗試社交寫作的三天後，我放棄了。一來，用讀者可能發佈的回覆來決定寫作內容實在令人筋疲力盡，另外，我也深受我所喜愛的敘事方式的詛咒。基於目的和個性的考慮，我現在正試圖拼湊一個沒有聲音、沒有爭論的故事，這是一種算法式的敘事，旨在寫出可以響應任何給定內容的情節。我發現，社交式寫作的特殊變化既令人沮喪，也終究會令人生厭。「蠢蛋。」我咕噥著，啪的一聲關上了我的筆電。

也許未來的人將駕馭這個系統，在敘事技巧上處理得游刃有餘。至於我，我正在退出這個社交式的選擇。我開始去水岸邊專心閱讀，以便逃離電話和數據機這可怕的獨眼巨人的視線。在海堤上，我坐在一件毛衣上，穿得厚厚的以抵禦寒風，我重拾一種即將被遺忘的心態——真正的、恍惚狀態的閱讀消除了我的焦慮和日常生活中的煩惱。

小時候，當我讀書的時候，我會「變成」霍爾頓・考爾菲德（Holden Caulfield）[29]或瑪麗・倫羅克斯（Mary Lennox）[30]，體驗別人的生活；後來，當我發現我的閱讀方式偏離這種習慣時，一種恐懼突然湧上心頭。

在我與奧特利見面後的很長一段時間後，我意識到我對安娜・托德的態度是多麼可憎。在這裡，我還讚揚著同理心的優點，以及我原本的寫作方式和閱讀方式所具有的人文精神。但我從來沒有思考過她的社交世界觀。也許讀者和作家之間的隔閡真的應該被打破。真的，為什麼不這樣做呢？那些古老的故事，我們讀過的那些小說，以及它們的單一情節和久遠的作者，都是虛構的作品，都有著超過百年的歷史，都是十五世紀印刷機的產物。難道我們不需要新的方式來講述我們新生活中的新故事嗎？

每種技術都會將它的目光對準我們。誰又能說社交媒體的目光不能替代印刷機的目光？無論如何，我們很少得到小說中的幸福，而生活確實像 Twitter 的評論一樣分出了不同的岔路。我們之中，有誰能夠斷定是印刷時代還是螢幕時代更能描述我們的生活方式和我們所做的每一個選擇？我們能否知道哪種形式的敘事能在一天內捕捉到最多的意義？

畢竟，認為你的生活是一個連貫故事這一想法——你將找到你的希斯克利夫（Heathcliff）[31]或者能順利走完去魔多[32]的旅程——你是某個故事中的英雄的想法，都不是從真實的生活經驗中產生的。現實生活更像湯博樂而不是小說。現實生活是隨機的、不知所措的、高深莫測的，它讓我們困惑不已。安娜・托德的作品反映了二十一世紀的生活方式，我自己卻永遠做不到。

至於我的社交寫作實驗，我壯著膽子和那家科技創業公司談判，請他們收回他們提供的一百美元費用。一個星期後，我收到了一封電子郵件回覆。他們為延遲回覆表示抱歉，因為他們收到的消息太多了，便忘記回覆我的郵件了。

1 編注：法國意識流作家，主要作品有《追憶似水年華》。

2 Marcel Proust, "On Reading Ruskin," ed. and trans. Jean Autret, William Burford, and Philip J. Wolfe (New Haven: Yale University Press, 1987), 113.

3 編注：十九世紀末、二十世紀初英國作曲家、女權運動者。

4 Virginia Woolf to Ethel Smyth, July 29, 1934, *The Letters of Virginia Woolf*, vol. 5, ed. Nigel Nicolson and Joanne Trautmann (New York: Harcourt Brace Jovanovich), 319.

5 In August 2014, Mar gave a lecture titled "Fiction and Its Relation to Real-World Empathy, Cognition, and Behavior," at the American Psychological Association's 122nd Annual Convention.

6 Natalie Jarvey, "Victorious Launches App for Fan Fiction Author Anna Todd," Hollywood Reporter, Feb. 25, 2016.

7 Kathryn Zickuhr and Lee Rainie, "E-reading Rises as Device Ownership Jumps" (Washington, DC: Pew Research Center, Jan. 16, 2014).

8 Dartmouth College, "Digital Media May Be Changing How You Think: New Study Finds Users Focus on Concrete Details Rather Than the Big Picture," *ScienceDaily*, May 8, 2016, http:// www.sciencedaily.com/releases/2016/05/160508151944.htm.

9 Jennifer Maloney, "The Rise of Phone Reading," *Wall Street Journal*, Aug. 14, 2015.

10 Kevin Kelly, "Scan This Book!" *New York Times Magazine*, May 14, 2006.

11 Clay Shirky, "Why Abundance Is Good: A Reply to Nick Carr" *Encyclopaedia Britannica Blog*, July 17, 2008, http://www. britannica.com/blogs/2008/07/why-abundance-is-good-a-reply- to-nick-carr.

12 Maryanne Wolf, *Proust and the Squid* (New York: Harper Perennial, 2007), 47.

13 John Brockman, ed., *Is the Internet Changing the Way You Think?* (New York: Harper Perennial, 2011), 271.

14 Maryanne Wolf, *Proust and the Squid* (New York: Harper Perennial, 2007), 168.

15 Susan Greenfield, *Mind Change* (New York: Random House, 2015), 13.

16 編注：古希臘羅馬社會採用的寫作模式，在單詞或句子之間沒有空格、符號或其他標記。

17 Marshal McLuhan, *The Gutenberg Galaxy* (Toronto: University of Toronto Press, 2011), 54.

18 Neil Postman, *The Disappearance of Childhood* (New York: Vintage Books, 1994), 12.

19 Alberto Manguel, *A History of Reading* (Toronto: Vintage Canada, 1998), 42.

20 編注：美國作家，著有《弟凡內早餐》、《冷血》等著作。

21 Dan Kois, "How One Direction Super Fan Anna Tod Went From Waffle House Waitress To Next-Big-Author With Erotic Fanfic Series 'After'", *Billboard*, July 17, 2015, http://www.billboard.com/articles/magazine/6634431/anna-todd-after-one- direction-fan-fiction-book-deal-movie-rights-profile.

22 Wattpad 總部的辦公室都是由平台上受歡迎的故事命名。*My Wattpad Love* 是由艾里安娜・高黛（Ariana

Godoy）寫的羅曼史，關於一個女孩如何透過在 Wattpad 上寫故事來獲得歸屬感，但卻因此與一名自負、抽煙、又對她刻薄的 Wattpad 使用者產生接觸，她最終被他腐敗的靈魂所吸引，他們墜入愛河。

23 編注：標準收藏公司（The Criterion Collection），簡稱「CC」，是一家美國公司，專門發行經典電影未經剪輯的版本。

24 Bob Stein, "Original Invite Letter," *Sidebar*, Institute for the Future of the Book, http://www.futureofthebook.org/sidebar/invite.html.

25 Jakob Nielsen, "How Users Read on the Web," Nielsen Norman Group, Oct. 1, 1997, http://www.nngroup.com/articles/ how-users-read-on-the-web/.

26 Jakob Nielsen, "E-Mail Newsletters: Increasing Usability," Nielsen Norman Group, Nov. 29, 2010, http://www.nngroup. com/articles/e-mail-newsletters-usability/.

27 Kenneth Goldsmith, "Why I Am Teaching a Course Called 'Wasting Time on the Internet,'" *New Yorker*, Nov. 13, 2014, http://www.newyorker.com/books/page-turner/wasting-time- on-the-internet.

28 那本殭屍小說名為 *The Happy Zombie Sunrise Home*，點閱率很高，當時有一千兩百萬點擊人次。

29 編注：沙林傑（Jerome David Salinger）的小說《麥田捕手》（*The Catcher in the Rye*）中的角色。

30 編注：伯納特（Frances Eliza Hodgson Burnett）小說《秘密花園》（*The Secret Garden*）中的角色。

31 編注：艾蜜莉・勃朗特（Emily Jane Brontë）小說《咆哮山莊》（*Wuthering Heights*）中的角色。

32 編注：J. R. R. 托爾金（John Ronald Reuel Tolkien）的奇幻小說《魔戒》（*The Lord of the Rings*）中的地名，歸屬大魔王索倫（Sauron）管轄。

10 情書

幾十個年輕男女——都不滿三十歲，懷著積極的希望——面對著他們的打字機，不知從何開始。茶點已經準備好了。不同顏色和設計的紙張已經分發完畢。一切都是那麼讓人舒服。儘管如此，空氣中仍散發著一絲不安。

打字機排列在一張巨大的桌子的兩側，它們的標籤上寫著響亮的名字——安德伍德（Underwood）、奧林匹亞（Olympia）、雷明登（Remington）和愛馬仕（Hermes）。擊鍵的猶豫不決和不可撤回的換行填滿了整個房間。一個女人頭上編著辮子（一共編了二十二根左右），把她明亮的黑色指甲放在按鍵上，想要輸入一個「我」，但她還沒下定決心。

自二〇〇五年以來，在溫哥華東部，每個月都會舉辦一次書信工作坊。工作坊通常在一家文具店裡舉辦，但某些夜晚，地點會因參與的年輕人做出一些調整。很多人會參加這個工作坊。隨著打字機和真正的書信距離我們越來越遠，對於這些事物的迷戀也開始出現。

一位與會者告訴我：「古老的東西和未來的東西都很新奇。使用舊技術的感覺就像嘗試未來的技術一樣。」

我們忍不住將它們的魅力與早期書信作者的真誠做比較，對他們來說，粗糙的莎草紙上的訊息是從雲雀那裡得來的最遠的東西……在文德蘭達（Vindolanda）邊境的哈德良城牆邊，一名羅馬士兵懇求親人送他一雙新襪子。一位希臘政治家發佈了一套用於公開朗誦的方案。[1] 到了今天，克萊奧坐在文具店裡，絞盡腦汁思考著該寫些什麼給她的男朋友。

「我以前不知道沒有刪除按鈕。」亞歷克斯皺起眉頭說。他是個穿著復古的星球大戰T恤的年輕人，想要寫信給他的未婚妻。他的雙手在打字機的紙張上揮舞著，那張紙上滿是各種拼寫錯誤的詞句和一行行用手畫掉的詞句。亞歷克斯正面臨這樣一個事實：他最初的想法比他想象的更加混亂。

但整個過程中還是散發著甜蜜的情感：「這是我的第一封信。我寫的第一封真正意義上的信。你可真幸運。」

不是每個人都會在那裡寫情書。有人告訴我，他來「打奧斯卡·王爾德（Oscar Wilde）的一些名言，因為我認為打字機的字體挺好看的」。其他人似乎更多的是想要在他們的 Instagram 上發佈照片，有人拿著智慧型手機來捕捉這「真實」的影像。

一位年輕女士告訴我，她正在寫信給她遠在哥本哈根的家人。「這就像在我家的客廳裡待一個小時，」她說，「我可以變得……怎麼說呢……更簡單。打字的緩慢使我覺得我和他們在一起。」

當我回到商店的櫃台與聯合創始人布蘭迪・費多魯克（Brandy Fedoruk）交談時，她告訴我，書信俱樂部已經為其年輕的與會者提供了一個幾乎消失的心靈窗口。「在手機或電腦上，你輸入的速度比你想象得快，」她說，「但在我看來，打字機符合思想的速度。」

布蘭迪在這些活動中扮演鼓勵大家的角色。參與者——他們習慣於在一天中不停地寫訊息給朋友——發現當自己得完成更長的報告時會陷入困境。他們通常不知道該寫什麼或寫給誰。這裡很多人以前從未收到過一封信。

一位叫梅的年輕女士告訴我，她正在寫信給她的男友，告訴他，他們以後再也不用傳簡訊了。我微笑著說，這聽起來很浪漫，他們可以期待面對面的交談。但是，梅皺起了眉頭，咬住了嘴唇：「哦，你不明白。這是一封分手信。當我說我們不會傳簡訊，我的意思是，我們不會在彼此的生活中再次出現了。」

我往門口走去，幾個年輕人正好進來。他們指著打字機，好像在動物園裡發現了一群奇怪的生物。對他們來說，以一種淡漠的態度來寫作無法得到即時回應，在一則「訊息」上花一個小時的想法是一個笑話、一種諷刺的態度。

然而，對他們每個人來說，還有一連串溫暖而充滿希望的想法：

「我終於可以告訴她我的感受了。」

「他會理解我為什麼這樣做。」

「我終於可以解釋一下了。」

有一個大爆炸的時刻，在那之後，我們發送的消息將永遠不會被刪除或再次考慮。一時間，讓珍貴的文字穿越時空的想法為之一顫，從中間裂開，向外爆炸。那天是一九六九年十月二十九日，晚上十點半。那裡是加州大學洛杉磯分校的一個實驗室，由倫納德・克蘭羅克（Leonard Kleinrock）教授負責管理。他的實驗室和另外三個實驗室致力於創造ARPANET——網路教父。在克蘭羅克的實驗室有一個四十人的團隊協調工作，他們試圖向在帕羅奧圖（Palo Alto）的史丹佛研究所（SRI）的同事發送第一則訊息。

塞繆爾・摩斯的電報上寫道：「上帝做了什麼？」但一百二十五年後，克萊恩和他的團隊沒有為 ARPANET 準備任何特別的標語，他們在某種程度上忘記了當下的深刻性。網路世界的第一封信中沒有適當的錄音，也沒有相機拍照。一則手寫的日誌條目是對事件所有內容的標記，它以沉悶的鉛筆筆跡表示：「與史丹佛研究所當面交談。」他們甚至沒有使用驚嘆號。[2]

查理・克萊恩（Charleg Kline）二十一歲，主修程式設計，很孩子氣，頭髮整齊。當晚他與克蘭羅克教授一起工作，負責敲打訊息。帶著會激怒歷史學家的平庸，克萊恩試圖輸入「login」這個詞。（他們希望這則消息可以讓克蘭羅克的團隊登錄史丹佛實驗室的電腦。）克萊恩同時和史丹佛大學的一名工程師比爾・杜瓦爾通電話，說：「你看到『l』了嗎？是嗎？那『o』呢？」然後，系統在他沒來得及完成任務時就崩潰了。但幾百英里之外，詩意的單詞「lo」在螢幕上閃閃發光。網路（嚴格來說，是 ARPANET）說出了第一個詞。

比爾・杜瓦爾（或帕羅奧圖的任何工程師）是否將這兩個發光的字母視為深刻的東西？這是某種神諭嗎？「看哪，lo。」或者，甚至與《聖經》有關？「看，東方的星星……」

在多年後的一次採訪中，克萊恩承認，直到一九八〇年，他才意識到那晚他所做的事情的意義——他的「lo」就像邁上月球的第一步。[3]當然，「lo」並不是他原本想要輸入的詞，但同樣適合，首次線上通訊是一種召喚，是演說者用來引起人群注意的詞語。

在那之後的幾十年裡，那個單一的「lo」已經演變成我們每天發送的數十億則消息。我們已經習慣了消息發送的即時性和確定性。比起語音通信，人們似乎更喜歡它。（一項針對十八到四十四歲的美國智慧型手機用戶的研究發現，百分之四十三的人表示他們在通話時「有聯通感」，百分之四十九的人在發送或接收簡訊時有聯通感。[4]）人們更喜歡遠距離的、簡單的通信形式：雖然受訪的智慧型手機用戶在他們的手機上平均每天花費一百三十二分鐘進行通訊，但只有百分之十六的時間花在打電話上，其餘的方式全部基於文本形式。[5]這是一種安全可靠的形式，一種可以被編輯的訊息。我們已經開發了一套二十一世紀的微情書系統，我們互相「理毛」，期待著能立刻「理毛」。

手機技術產生了永久的微情書。最明顯的就是約會交友網站上發佈的大量訊息。馬庫斯・弗林德（Marcus Frind）的約會網站 PlentyOfFish 管理著大約六千萬用戶。他告訴我，從桌上型電腦轉移到手機後，他這種網站上的消息傳播規模急劇地擴大了。「當人們在手機上瀏覽網站時，你會看到訊息量增多了三到四倍，」他告訴我，「他們每天查看訊息的次數多達十次。」弗林德把他的網站設計成最安全、最友好的樣子（PlentyOfFish 上沒有「約炮」類別，並且某些詞語將導致用戶被屏蔽）。他想把「網路約會」的淫穢含義變成「純粹的約會」，結果，它成了人們可以在公共場所——公車上或咖啡館裡——隨意使用的網站。現在，百分之八十五的網站流量都是在用戶的手機上產生的。

我還見到了 OkCupid 的聯合創始人克里斯蒂安・拉德（Christian Rudder）。他的網站每天大約有七百五十萬則關於愛情和慾望的訊息。拉德說，當訊息數量增加時，當用戶開始使用他們的 app 進行交流時，訊息的平均長度會大幅變短。他的網站上的平均訊息長度，從二〇〇五年的四百個字符左右下降到二〇一四年的一百個字符左右。[6]

無論我們是否會瀏覽帳號照片，這種越來越膚淺的訊息的轉變是有目共睹的。手寫信的悠閒節奏被削減成數十億套日益流行的文本。隨著情慾訊息變得肆無忌憚，完整的句子被簡化為沒有語法的言論，然後這些言論也被淘汰出局，為表情符號和照片騰出空間。美國作家麗貝卡・索爾尼特（Rebecca Solnit）在她的文章〈我們正在分手〉（We're Breaking Up）中指出，這種短暫的訊息傳遞既不能滿足我們對溝通的需求，也不能滿足我們對獨處的渴望：

「我想到了那個已經逝去的世界，那種我們在這些新的網路技術之前的生活方式。在那裡，我們有兩個極端：獨處和交流。新的交流方式讓我們介於這兩者之間，讓我們減輕了對獨處的擔憂，無須為真正的交流承擔風險。它是兩個較深區域之間的淺層，是與自己和他人交流的危險區之間的安全地帶。」[7]

因此，被看作情書的東西慢慢潛入了那些膚淺的、安全的但無法令人滿意的中間地帶。讓我們計算一下這些態度發生變化的方式：一個名為「Yo」的 app 只允許傳輸單個字「Yo」，其開發人員已經發現「戳」[8]是人們經常需要的，性行為後的自拍也已成為一種流行趨勢（與滿足的戀人一同與粉絲分享他們的幸福）。與此同時，人們可以使用像配偶 mCouple 這樣的 app 來監視伴侶，讓該 app 透過遠端監控對方的電話來「確保對方忠誠」。（mCouple 可讓你看到伴侶的簡訊、Facebook 訊息以及每個通話記錄。你還可以跟蹤伴侶的確切位置，來排除對方在幽會的可能。）

這些 app 都有一個共同點：它們保護螢幕背後的感情和慾望，但是它們會將其簡化為一個個密碼。對我來說，這一切都與舊式情書所代表的那種信仰相反，最終的結果是歐威爾式的「安全感」，我們不再懷疑另一個人的願望，不再期待是否會有第二次約會，不相信我們的男朋友不會在工作時間看望他們的前女友。這樣的祕密成為無法容忍的過時思想，相反地，我們永遠在索爾尼特描述的淺薄中逡巡。一種「浪漫」的微型訊息和強制性監視文化出現了，它更讓我們滿足，而不是渴望，使我們更重視滿足感，而不去在意持續的慾望的奧祕。

或許對這些變化感到煩惱是盧德派[9]所關注的。但是，我們忽視了新技術可以對人類性行為產生的實際影響。以下是荷蘭社會學家埃格伯特・德・弗里斯（Egbert de Vries）研究的一個小例子。

某個非洲部落的成員會在性行為後在他們的小屋裡點火。通常情況下，這需要有人去鄰近的小屋帶回一根燃燒著的棍子，於是，每個人的性生活變得透明化了；這種透明度增強了社會凝聚力（因為通姦變得很難）。然而，當火柴被帶到這個部落時，這種習俗便煙消雲散了。突然，性行為可以變成完全私密的事了。[10]

如果像一盒火柴一樣簡單的東西可以根除文化的儀式和性習慣，我們不應該因其他光點——我們數十億發光的手機——能做出同樣的事情而感到驚訝。當新的通訊技術對舊情書產生影響時，它們正在摧毀曾經存在於我們愛情生活中的某種孤獨。

公平地說，未來的戀人們將享受的愛情生活，在某種程度上可以與我們祖先的手寫情書式的愛情生活相媲美。我們的祖先以貧瘠的方式，建立了當時的習慣。例如：印刷機出現後，紙張生產量增加，紙張價格暴跌；同時，識字率上升（主要是指本國語言，而不是指拉丁語）；那個時期建立的複雜的軍事體系、司法和法律組織也需要大量的書面文件；書法手冊的傳播也有助於寫作風格的標準化。現在看來，這一切因素共同造成了書面談話（written conversation）的爆炸式增長。隨著文字寫作的蓬勃發展，為了浪漫的情緒而書寫一兩頁文字突然成為全民的日常行為。一六三五年，查理一世國王（King Charles I）提供臣民皇家郵政服務，所有的信件都由郵差寄送。幾乎在同一時期出現了大量的熱門書籍，它們描述了寫信的最佳方式——渴望與遙遠親友聯繫的人群需要掌握的新技能。這將是一種驚人的新力量。法國外交官安托萬・德・科廷（Antoine de Courtin）於一六七一年撰寫了一篇文章，將信函寫作神祕地稱為「不在場的對話」。[11]

這些簡單的信件是一種魔法，是一種過去從未有過的遠距社交形式。到了十八世紀，這種改變已經根深蒂固，甚至讓英國的情侶們開始互相送情人節禮物——距瓦倫丁

（Saint Valentine）被譽為聖人那天已過了一千五百多年。

從十六世紀的擠奶女工到二十一世紀的麥當勞員工，一般民眾都會利用他們可以使用的任何通信技術。從某種程度來講，這種跨越幾個世紀的相同行為是同一種驅動力推動的。

斯多亞學派哲學家塞內卡（Seneca）嘲笑那些在西元一世紀趕往港口迎接郵船到來的羅馬人，但那個情景與二十一世紀歌劇院的人群在中場休息時低頭看手機的情景並沒有太大差別。今天的簡訊不只是書信的一種快速版本，我們所拋棄的通信形式有著不同的質地。

信件需要緩慢的沉思；它們需要我們的雙手，而不僅僅是指尖。在書寫和寄送的無聲間隔中，我們的告白變得更寶貴。它們在我們所有的物品——而不是一個冰冷的伺服器——中記錄著我們的過去。即使是內容相同的短訊息也不能代替真實信件的緩慢：鞋盒中堆積的信件，被匆忙撕裂的信封的褶邊，對事物本身的觸覺。當然了，信件有可能被破壞，有可能被遺忘。老式的信件可以被扔進篝火，而在不可磨滅的電子郵件和智慧型手機世界中，雙方都有信件的備份。破壞相愛的證據的能力，可能與保護相愛的證據的能力同樣重要。

這些只是一些難以量化的品質，不是當代訊息技術擅長的基本的「訊息檢索」比得上的。這些品質會在打印文字的周圍散發出特殊的靈光。我在這裡引用了班雅明（Walter Benjamin）的「靈光」（aura）概念：靈光是不可言喻的品質，當事物「可以透過技術手段被複製」時，它就會消失。[12]由於這種累積的靈光，老式的文字通常被認為是最能體現人的個性的表達形式。最早的關於信件的評論——來自一位名不見經傳的雅典人迪米特里厄斯（Demetrius）——認為「每個人都在自己靈魂的虛擬形象中寫了一封信」[13]。可是對Snapchat，人們卻沒什麼評論。

一封信是一次信仰行為：一個孤獨的寫信人寫了幾個小時，沉浸在兩顆心之間的表達中，對一個不在場的、不會回應他的人一次性地講了幾周時間內要講的話。正如評論家維維安・戈爾尼克（Vivian Gornick）所說：「寫一封信是為了獨自思考另一個人的魔力。我與自己的想象力做伴。我佔據了空蕩蕩的房間。我自己陷入了沉默。」[14]一個人超越了口頭協定（以及簡訊和電子郵件的隨意保證），進入一種需要遠離閒聊的有序的表達模式。然而，那個想象出來的人確實坐在我們這邊。當我們花時間寫長信給我們關心的人時，我們會發現他們的另一面。那一面沒有在晚宴上，沒有在咖啡館裡，甚至也沒有在彼此躺在皺巴巴的床單上展露出來。

這就是讓情書成為追求獨處的第三個禮物的理想工具。它不僅是一種表達自己的方式，更是一種相互理解的方式。從西元一世紀普林尼（Pliny）[15]給妻子的信件，到貝多芬的「不朽的愛人」信件，到詹姆斯・喬伊斯（James Joyce）[16]寫給妻子諾拉・巴納克爾（Nora Barnacle）的信件，情書的歷史總是包括遠距離的欣賞和延遲的慾望。在那個空曠的空間，作家有機會解開人心的複雜性。

然而，當二十一世紀向前邁進時，我們發現情書如此笨拙，如此緩慢，如此令人精疲力竭，情書成了一個瀕臨滅絕的物種。我們忘記了浪漫的聯繫幾乎與心上人的陪伴一樣受益於獨處。為了理解這一失去的東西，我決定回溯到十二世紀，回到那個充滿愛、充滿情書的世紀。

在一一一八年的一個決定命運的夜晚，當英俊的法國神學家皮埃爾・阿伯拉爾（Pierre Abelard）在他的臥室睡著後，一群陌生的男人潛入他的家，來到他的床邊。派他們過去的人叫卡農・富爾伯特（Canon Fulbert），是阿伯拉爾認識的人。富爾伯特是愛洛伊絲（Heloise）——阿伯拉爾輔導的女孩子——的叔叔。阿伯拉爾讓那個女孩懷孕了，阿伯拉爾將她送去了阿讓特伊鎮（Argenteuil）的修道院。富爾伯特對家庭蒙受的侮辱感到憤怒，那天晚上他實施了報復：男人們抓住阿伯拉爾的胳膊和腿，當阿伯拉爾尖叫時，他們鋸掉了他的睪丸。

這件事做得一乾二淨。阿伯拉爾後來寫信給朋友說：「他們切斷了我的身體部位，那裡是我犯下他們所說的錯誤的地方。」[17]那個孩子——一個名叫阿斯托萊博（Astrolabe）的男孩，這個名字是根據一種伊斯蘭天文儀器命名的——與愛洛伊絲的妹妹一起從歷史記錄中消失了。但是，他們的信件留存下來，阿伯拉爾和愛洛伊絲在他們無法相愛之後仍互通信件。愛洛伊絲成了修女，阿伯拉爾做了修士。在修女院和修道院之間，他們透過寫作保持聯繫。

阿伯拉爾書信中的愛慕之情與愛洛伊絲的並不相符。他寫信堅持要求她懺悔他們的罪行：

「為我們巨大的錯誤向上帝獻上永久的祈禱。」但是，修女的身份也無法扼殺愛洛伊絲的慾望。她回信說：

「在我看來，我們之間分享的戀人的快樂太甜蜜了——它們不能讓我悲傷，也幾乎不能從我的記憶中消失……即使在彌撒的慶祝活動中，當我們的祈禱應該變得更加純潔時，那些快樂的幻想會佔據我不快樂的靈魂，我的大腦被它們填滿，忘記了祈禱。」[18]

阿伯拉爾有時因其相對冷靜的頭腦而受到批評，但我們應該用實際的眼光看待他的情況：他的睪丸已被移除。我們知道，如此深刻的懲罰會導致男人的性慾消失。我們不應低估羞辱的影響。

在被閹割之前感受到了什麼？我們只能猜測。一批情書被當作兩人在他們浪漫故事的悲傷結局之前所記的筆記，也許可以讓我們窺探到一些答案。沒有被閹割的阿伯拉爾寫道：

「你被永遠地埋在我的胸膛中……你一直伴著我，直到我入睡；我睡著的時候，你永遠不會離開我；醒來之後，只要我睜開眼睛，就算天還沒亮，我也能看到你。」[19]

同一人後來寫道：

「你的胸膛是多麼肥沃，你未被觸及的美麗閃閃發光，身體是如此豐潤，散髮著難以名狀的香氣！揭示隱藏的東西，展示你隱藏的東西，讓你那甜蜜的清泉湧流。」[20]

無論阿伯拉爾曾對愛洛伊絲有著怎樣的愛慕，它們都已消失殆盡，最終被一種刻意的關懷取代。

關於情書的真正教訓，來自愛洛伊絲，來自她一個人。她期盼著與阿伯拉爾穿越時空，重新相聚。「既然我無法忽視你的存在，」她寫道，「那麼，請至少透過你傳來的話語——用足夠的言語——為我留下一些甜蜜的安慰。」[21]書信是她保留一份從她那裡帶走的「甜蜜的安慰」的方式。命運的變幻莫測已經奪去了她心愛的人，但在信中，在他們豐饒的沉思中，她試圖理解他們的關係。她的信很長，也很曲折；那裡有她的絕望，也有她的希望；當愛人被奪走時，它們唱出一份綿綿不絕的深情。亞歷山大・波普（Alexander Pope）[22]在愛洛伊絲去世的五個多世紀後，寫下了他們兩人的故事，他說：

「天堂首先教會了可憐之人寫字，
被趕出家門的情人，或被俘虜的女僕；
他們生活，他們說話，他們呼吸著被愛喚醒的一切，
從靈魂中汲取溫暖，忠於它炙熱的火焰。」[23]

波普欽佩信件可以「加速靈魂之間的溫柔交流，或將一聲嘆息從印度河吹送到遙遠的極點」。[24]也許這就是愛洛伊絲的信件讓讀者著迷的原因：在堅定的孤獨中，心與心相連——與過去的情人、與現在的情人、與過去的自我、與現在的自我相連的奇蹟。

歷史上不乏愛洛伊絲這樣的人。只有憤世嫉俗的人會說這樣的人在失意後便消沉了。消失的人可能確實永遠不會回來（阿伯拉爾比任何人都清楚，有些事情是無法挽回的）。但是在我們的情書中，我們可以治癒傷口，拉近彼此的距離。當我們寫作時，我們會在獨處中獲得交流的體驗。它們激發了拜倫所描述的「無限而真實的感覺，在獨處時，我們最不孤單」。[25]它們使愛神的悖論顯而易見，它們向我們表明，我們總是最渴望得到自己無法擁有的東西。

1 Simon Garfield, *To the Letter* (New York: Gotham, 2014), 36, 47–49.

2 192. "The First Internet Connection, with UCLA's Leonard Kleinrock," YouTube video, Jan. 13, 2009, https://www. youtube.com/watch?v=vuiBTJZfeo8.

3 AOL Mail Team, "A Chat With Internet Pioneer Charley Kline," AOL Mail Blog (Oct. 28, 2011), http://mailblog. aol.com/2011/ 10/28/a-conversation-with-internetpioneer-charley-kline/.

4 IDC Custom Solutions, "Always Connected for Facebook," IDC Research Report, March 27, 2013, https://www. idc.com/ prodserv/custom_solutions/download/case_studies/PLAN-BB_ Always_Connected_for_Facebook.pdf.

5 同前。

6 Christian Rudder, *Dataclysm* (New York: Crown Publishers, 2014), 65.

7 Rebecca Solnit, *The Encyclopedia of Trouble and Spaciousness* (San Antonio, TX: Trinity University Press, 2015), 258.

8 編注：戳（poking），一種在美國社交網站上和朋友問候時常用的方式。

9 編注：盧德派（Luddite），意指反對工業化或新科技的人。

10 Neil Postman, *Technopoly* (New York: Vintage Books, 1993), 27.

11 Antoine de Courtin, *The Rules of Civility; or Certain Ways of Deportment Observed in France, Amongst All Persons of Quality Upon Several Occasions* (London: J. Martyn and John Starkey, 1703), 169.

12 Walter Benjamin, *The Work of Art in the Age of Mechanical Reproduction* (New York: Penguin Books, 2008), 7.

13 Garfield, *To the Letter*, 98.

14 Vivian Gornick, *Approaching Eye Level* (Boston: Beacon Press, 1996), 162.

15 編注：古羅馬作家、博物學者、政治家。

16 編注：愛爾蘭作家，是二十世紀最重要的作家之一，代表作包括《尤利西斯》、《都柏林人》。

17 Peter Abelard and Heloise, *The Letters of Abelard and Heloise*, trans. Betty Radice (New York: Penguin Books, 1974), 17.

18 同前 68.

19 同前 239.

20 同前 243.

21 同前 53.

22 編注：十八世紀英國詩人。

23 Alexander Pope, "Eloisa to Abelard," *The Norton Anthology of English Literature*, vol. 一 (New York: Norton, 1993), 2256.

24 同前 2256.

25 Lord Byron, "Childe Harold's Pilgrimage," in *The Norton Anthology of English Literature*, vol. 三 (New York: Norton, 1993), 490.

11 衰弱的身體

死亡

死亡，無疑是最終的、最必然的獨處。我們如果留意一下，就會驚恐地看到這種消失。這是一次不可想象的分離——真的不可想象——我們中大多數人完全沒有考慮過這件事，便過完了人生。事實上，正如佛洛伊德所說，我們永遠無法理解自己的死亡，因為當我們試圖想象它時，我們仍然是旁觀者，就像哈克貝里・費恩（Huckleberry Finn）[1]參加他自己的葬禮那樣。出於這個原因，佛洛伊德寫道：「在潛意識中，我們每個人都相信它的不朽。」[2]我們知道死亡，但並不打算深入瞭解它。然而，儘管有這種恐懼和不理解，我們還是要為死亡付出一切。

人們只要一直生活著，就一直在接近消亡。在地球上，這件事持續了四十五億年。一代又一代的生命出生、繁衍、消亡。每一代生命都將自己最好的一切傳遞給下一代。但是，進化的過程——它將基本元素變成了現在的人類——必須在前代消亡的基礎上進行。出於這個原因，我們像所有動物一樣，在我們的基因中建立了衰老程序，確保我們在繁殖後會經歷衰老和死亡。（這涉及逐漸縮短的染色體端粒，以及在每條染色體形成和滅亡時起保護作用的「緩衝系統」的基因。隨著細胞的分裂，這種磨損最終會破壞DNA。）用最簡單的術語來說，保持我們活力的新陳代謝有副作用，這種副作用會累積起來，並最終造成疾病和死亡。事實證明，薩繆爾・貝克特（Samuel Beckett）[3]寫下：「人一出生就代表著他的死亡。」時，比他自己想得還切中重點，生命，確實殺死了我們。

我們所取得的一切成就——所有的藝術、詩歌和科學——都是這些死亡的直接產物，因為它是進化的全部產物。因此，正是由於死亡，國際太空站在你頭頂的天空中旋轉了兩百四十九英里；正是由於死亡，《星際大戰》（*Star Wars*）估值三百億美元；我們的強子對撞機、真人秀電視節目、聯合國、草莓沙冰、《失樂園》（*Paradise Lost*）和足球巨星羅納度（Cristiano Ronaldo）的腿，這一切的存在都要歸功於我們數萬億人的死亡。死亡是運行這個星球大小的引擎的燃料，而不是無意義的、可怕的事物。

一個沒有孤獨和死亡的世界將是一場災難。然而，否認達爾文的進化論，達到永垂不朽，正是我們想要的狀態。我在本章開頭稱死亡是一種不可侵犯的孤獨，是一種不可避免的孤獨，但現在很多人都在努力證明我是錯的。

我們祖先的壽命只有三四十年。嬰兒死亡率是最大的障礙，直到現在才有所降低。例如，二十世紀前，農業社會中的兒童死亡人數所佔比例達到四分之一至三分之一。天花、麻疹和白喉使得成長成為一場與概率賭博的遊戲。最終，情況有所好轉，而且進展很快。一九六〇年，美國人出生時的預期壽命為七十歲，到二〇一四年上升到七十九歲；在這幾年裡，阿富汗的預期壽命從三十二歲上升到了六十歲。這些數字顯然是不公平的，但在全球範圍內，它們仍然在上升。[4]

與此同時，基因工程師透過修改基因，設法使秀麗隱桿線蟲（Caenorhabditis elegans）的預期壽命增加一至三倍。[5]據推測，無論是遏制我們的衰老過程，還是使用可以清理退化細胞的清潔奈米機器人，都可以延長我們的預期壽命。這或許是一次巨大的進步，可能會使我們的壽命超過一百二十年。[6]這種延續生命的進步完全符合一種新的信念，即，死亡是不自然的，我們應該征服它，或者至少要掩蓋它。

科學進步延長了我們的生命，但它們似乎也破壞了我們對死亡的興趣（與尊重）。我們掃了它一眼，然後把它藏起來。我今年三十六歲，從未見過一個死人。現代性本身鼓勵新的、不以死亡為中心的生活方式。「從十八世紀開始，」哈拉瑞指出，

「自由主義、社會主義和女權主義等意識形態對來世沒有興趣。確切地說，共產主義者在去世後會怎樣？資本家呢？女權主義者呢？在馬克思、亞當．斯密或西蒙．波娃的著作中去尋找答案是毫無意義的。」[7]

現代性的一個重要部分是關注我們周圍可量化的現實。但現代性也有其弊端，比如說，我們不再熟悉死亡。因此，死亡一直代表著永恆的孤獨，代表著永遠與我們生活的世界分離。死亡已成為可「被治癒」或「被忽視」的東西。

我們那模糊的夢想——征服死亡的夢想——在科幻小說作家的作品中延續了幾個世紀。但是，這一幻想已被今天的成就所取代。對矽谷的居民來說，對不朽的追求也許並不奇怪。例如，在二〇一三年，Google 宣佈 Calico 公司（Calico,the California Life Company）成立，這代表著破解衰老祕密的生物學公司成立了。後來，在二〇一四年，帕羅奧圖壽命延長獎（Palo Alto Longevity Prize）成立了，它提供那些能夠「破解生命密碼」和「解決老齡化問題」的人一百萬美元的獎勵。劍橋研究員奧布里．德格雷（Aubrey de Grey）是該獎項顧問委員會的成員，他將衰老稱為「醫療問題」，而非自然過程時，很好地說明了他們的理念。我們是機器，因此，思維、老化和與年齡相關的死亡必定是我們的硬件或編程中的缺陷，是我們應該能夠修復的缺陷。更重要的是，德格雷認為，否定後代無限期的生命是「不道德的」。[8]科技歷史學家派崔克・麥克雷（Patrick McCray）稱這種終結死亡的願望是矽谷的意識形態，其中「顛覆性技術」可以激發宗教式的熱情。正如麥克雷對《衛報》（*Guardian*）所說的那樣：「如果你因能夠精確控制0和1而在工業領域創造了數十億美元，那你為什麼不能認為，你可以進一步去控制原子和分子？」[9]

不過，德格雷的言論或許也有些道理。讓生命盡可能健康、盡可能減少痛苦難道就不是道德上的要求了嗎？但是，除了這個要求，還有其他道德約束可以同時影響我們。將永久的經濟危機置於後代身上就道德了嗎？讓年輕人與他們的曾祖父母爭奪工作和資源的情況呢？我這一代的民眾已經開始抱怨拒絕退休的嬰兒潮那一代了。很難想象任何一個群體會因為比他們年輕兩百歲的人認為該輪到他們工作了，就可以平靜地交出控制工業、政府、房產發展的繮繩。更糟糕的情況是，我們的曾祖父母可能會失去競爭力，陷入痴呆症。到目前為止，長壽還沒有使我們免於這種苦難。二〇一二年，大約有三千六百萬人患有痴呆症。世界衛生組織預測，到了二〇三〇年，人數將增加一倍（六千五百七十萬）；到二〇五〇年，人數將增加三倍（一・一五四億）。[10]由於種種原因，不朽的生命可能是站不住腳的。我們可以反對它，但是無序總是存在。我想起了俄國作家列昂尼德・安德列耶夫（Leonid Andreyev）描述拉撒路（Lazarus）來世的短篇小說：他逃脫了自己的死亡，卻變成一具腐爛的僵屍，渾身都「險惡地怪異」，得不到安寧。他的臉因「深沉而蒼白的憂鬱」變得暗淡，他的嘴唇腫脹、爆裂，他的身體充滿了廢氣。拉撒路苦澀地哭泣，撕扯著他的頭髮。他的家人和朋友拋棄了他，他也變了，他像一個痲瘋病人一樣被人隔絕開來。

說到底，不朽對於以碳為基礎的生命而言可能是妄談。因此，我們逃離「最後的告別」的衝動促使我們走向最終的技術解決方案：我們希望完全消除我們笨拙的身體。誰需要這些腐敗的骨頭和血液？我們可以在雲端生活……

在羅馬尼亞東北部風景如畫的雅西縣（Iasi），英俊自信的科技企業家馬里烏斯・烏爾薩凱（Marius Ursache）坐在他的玻璃幕牆辦公室與我談論有關死亡的事情。「當然，我們每個人都會經歷三次死亡。第一次在我們失去對自己的控制的那一刻，第二次是身體真正消失的那一刻，第三次是自己完全被世人遺忘的那一刻。」

我們從人類記憶中消失的第三次死亡就是烏爾薩凱的創業公司 Eterni.me 正在解決

的問題。你每月花費約十美元後，該服務將收集你的個人數據，以便建立一個可以在你消亡後代替你的化身。這個化身將了解你應該瞭解的一切，你的朋友、崇拜者、祖輩能夠從它那裡獲取你的生活訊息。它看起來也像你一樣，會與用戶交談，這樣，他們可能會感覺與你的關係緊密了——就算不是與你聯繫緊密了，也是與你的數位黏液聯繫緊密了。（「我們決定將化身變為現實，不過外界有些批評的聲音。」）從某種意義上說，永存不朽提供的是來自另一個世界的Skype。

「每天有一到三分鐘，」烏爾薩凱告訴我，「這個化身將問你關於你自己的問題。」它的問題很明確，因為它可以瀏覽你的社交媒體，例如，它可能會問你：你覺得你在Facebook上新交的朋友如何？化身也會要求提供一些大方向上的訊息。你最初的回憶是什麼？你覺得你父親怎麼樣？「化身將取代日記，」烏爾薩凱笑著說道，「它將改變人類的意義，因為你將在生活中變得更具反思力。」

該網站受到了科幻小說的啟發，烏爾薩凱也是以撒・艾西莫夫（Isaac Asimov）的「基地系列」（Foundation）叢書和菲利普・K・迪克（Philip K. Dick）的《尤比克》（*Ubik*）的粉絲。他參與了電影製作，那些電影涉及人工智慧，比如《雲端情人》（*Her*）——在這部電影中，一個男人愛上了他的手機作業系統——，也涉及像第二人生（Second Life）這種電玩。在這裡，數百萬用戶為他們的遊戲人物設計了一個線上世界。所有這些流行事物共享了一種超越數字的期望——在這裡，人類的經驗能被技術系統擴展和保護。但是，烏爾薩凱也有更多的個人動機。當他的祖母死於阿茲海默症時，他看到了這種疾病是如何剝奪她的記憶的。對一個為生活的混亂設計解決方案的人來說，這似乎無法容忍。祖母的愛，她的信仰，她的旅行、閱讀和笑話，都被永遠地剝奪了。要是有一種方法可以保護她心中的寶庫就好了。

那是二〇一六年春天，在我們談話的時候，烏爾薩凱的五名工作人員在附近工作，一條狗在走廊溜達。它看起來和其他雄心勃勃的創業小公司並無差別。該團隊正忙於不久後的公開發布會。在麻省理工學院的企業家發展計劃中醞釀的思想實驗即將成為現實。有三萬人報名參加了 Eterni.me 的服務，但它甚至還沒有成立。每天還有數百人寫信給他們。烏爾薩凱已經挖掘了一些真實的東西。

Eterni.me 已經加入了一個不斷擴大的電子死亡（e-death）行業的行列，其中包括死亡開關（Deathswitch）——如果你願意的話，它會在你去世後公開你的賬戶密碼和你生前不想公開的祕密——和「如果我死了」（If I Die）網站——它允許你錄製告別訊息，在你被驗屍後，這則訊息會發布到你的 Facebook 主頁上。社交媒體支持長久聯繫

（permaconnectivity），催生出了網路版的占卜板，它為人們安排與幽靈的神祕約會。享受一次與死者的交流機會，這真是太棒了！

當然，倖存者所經歷的真實記憶與電腦拋出的所謂記憶完全不同。電腦根本沒有記憶，它們只能儲存。奇怪的是，這種區別並不明顯。真實的記憶會分裂、變異，是動態的。科學家們現在同意波赫士（Jorge Luis Borges）[11]的觀點，他說：「在我們記憶一些事物的過程中，在第一次經歷之後，我們記住的不是這件事，而是對事件的第一次記憶。再往後，是對事件的第二次記憶。」透過所謂的記憶鞏固的思維過程，每次檢索特定的記憶時，實際上都會改變記憶。正如心理學專家尼爾森・考恩（Nelson Cowan）告訴我的，「我們根據我們現在所知道的來編輯過去，但是，我們仍然完全沒有意識到，我們已經改變了它」。然後，我們對逝去的親人的記憶正在變化，那些記憶不是靜態的儲存文件。永存不朽這類平台的前景是，我們可以繞過思想中的空缺，連接死亡帶來的分離。但以這種方式逃避會錯過哀悼的意義和人類記憶的意義。猶太法典《塔木德》（the Talmudic）中有一句話：「我們不是按照事物本身的樣子看待它們的，我們是按照我們本身的樣子來看待事物的。」我認為也可以說：「我們不是按照人們過去的樣子來回憶他們的，我們是按照自己的樣子來回憶他們的。」否定我們回憶死者時那種會出錯的、會變化的方法，就是在否定我們的關係中會出錯的、會變化的本質。

但是，即使未來的哀悼者放棄了提供他們的數位化的拉撒路，死者自己也不一定能放棄科技公司對永恆聯繫的承諾。隨著全球出生率的暴跌，我想，我們對「透過我們的孩子再活一次」這一舊觀念的重視程度會降低，更多的人轉向了「透過我們的化身來生活」這一新想法。未來主義者和電腦科學家雷・庫茲韋爾（Ray Kurzweil）多年來一直認為我們很快就能將我們的思想融入電腦。他說，到二〇二九年，電腦將擁有與人類一樣令人信服的情感生活；到二〇三〇年，我們身上會有數百萬奈米機器人，這些機器人將重建免疫系統，基本上消滅疾病，讓我們每年增加超過一年的預期壽命（因此，庫茲韋爾本人打算在這遊戲中保持領先地位，打算永遠也不死）；到二〇五〇年，這些奈米機器人隊伍將變得更多、更高效，它們將能夠組裝整個仿生體，供人類思維居住。它們既不會腐爛，也不會生鏽。[12]

人們早就注意到電腦幾乎在以指數速率進步，而我們人類還在蹣跚學步，完全沒有改善自己。人們想象，這種增長幾乎肯定會帶來一個「奇點」（singularity）——在不久的將來，我們的技術變得更加先進，足以推動我們或將我們帶入更高等的存在狀態。

庫茲韋爾的想法聽起來像科幻小說，但他不是痴人說夢——他獲得了許多榮譽，包括國家技術獎章和 Google 工程總監的職位。矽谷一直在培養那些喜歡幻想的人。

庫茲韋爾與許多不太合格的未來主義者一起分享他的夢想。二〇一六年，一位名叫佐爾坦・伊斯特萬（Zoltan Istvan）的「超人主義哲學家」認為人工智慧應該取代美國總統（以及其他世界領導人），因為人工智慧沒有那麼「自私」。（可以肯定的是，這是沒有自我後的一個優點）伊斯特萬說，然後，一旦人工智慧達到一定的門檻，人類將被邀請進入它的智能中。

「我們將被直接合併其中。我從這個角度看待它：這個世界將選擇一百位最好的科學家——甚至可能有一些傳教士、宗教人士、政治家、來自社會各界的人——他們都會加入這個世界，將他們的思想一次性上傳到這台機器中。」[13]

這個列表將終結其他所有列表。這些興奮的景象被我的一個朋友稱為「矽谷的狂喜」。[14]就像基督徒的狂喜一樣，它承諾將精選的一個團體運送到一個永恆、快樂的圈養欄裡。而對這個生物體的想象最終將是一次對孤獨之死的高歌，為摒棄以達爾文進化論為基礎的笨重的軀殼提供一個出口。所有「進化」關心的是基因的長期存在，而這個奇點承諾個人和所有思想可以永久地存在——我們拯救的是靈魂，而不是遺傳代碼。

奇點理論可以追溯到數學家約翰・馮・諾依曼（John von Neumann）。美國數學學會公報（Bulletin of the American Mathematical Society）以這種方式描述了他的願景：「技術不斷加速進步……似乎在接近歷史上的某個奇點，超過那個奇點，人類事物便無法繼續。」[15] 從那時起，電腦的容量將達到人類大腦的一千倍、一百萬倍、十億倍。這個想法成了科幻小說和科技產業先鋒隊的動力之一。這是一個正在慢慢實現的夢想。矽谷甚至於二〇〇八年創辦了一所備受推崇的奇點大學。

當然，我們走在這條路上時，會面臨一個嚴肅的難題。任何生產這些電子的不朽的自我的努力都依賴「我們就是計算實體（computational entities）」這一前提，即自我可以簡化到機器可以處理的程度。正如約翰・塞爾指出的（見本書第六章），機器可以擁有生命和意識（畢竟我們自己就是一種機器），但是，認為生命和意識可以透過電腦數據來延伸就是另一回事了。儘管如此，新興的電子死亡行業（包括永存不朽和其他研究奇點的先驅者）試圖透過將我們的數據永久保存在晶片中來拯救人類。奇點的信徒認為，所有人類以後都會生活在雲端。正是透過這種方式，死亡——使我們成為我們本身的獨處狀態——被消滅了。

身體的善意背叛

最後，我們對奇點、矽谷的狂喜甚至電子死亡行業的信念都標示著我們對脆弱、終有一死的身體中的孤獨之極限的反抗。年復一年，我們花更多的時間用虛擬身份和社交媒體投射自己。我們仍然被生活的狹隘事實困擾；困擾在適當攝取的卡路里中，在冰與火之間的大氣舒適度中。這就是肉體的殘酷局限。

有些孤獨無法逃避。然而，在我們每況愈下的孤獨身體中，我們逐漸發現了我們的人性。有時候，承認我們被束縛在充滿水和遺傳基因的包膜裡似乎有些荒謬。但是，意識到我們的肉身終將死亡後，我們會清醒過來。

我第一次癱瘓是在十六歲時。那時我一直在做一個夢，在夢中，一個影子在我身後向我的腦袋開了一槍，我總在同一個時刻——黑暗的熱量蔓延到我的王冠上時醒來。但是這次我沒有從枕頭上爬起來。我使不出力氣。過了一會我才發現自己坐不起來了，又過了一會我發現眼睛也睜不開了。我什麼都做不了，除了心跳和呼吸，而它們像被捕獲的動物一樣緊張得嗡嗡作響。兩分鐘後，我命令我的身體移動，然後開始一點點移動——我能不能移動我的頭？不能。我的手臂？不能。我可以轉動手掌或抬起手指嗎？每次失敗後，恐慌都席捲我的身體。

恐慌帶來了一則訊息，這則訊息只有癱瘓的人聽得見：你只是這個四肢裝置內的一簇火花，你獨自一人在你思維的洞穴中，你的「自我」只是一個機器人頭腦中的故事。

每個人的大腦都會在晚上讓它的機器人癱瘓；否則我們的身體會上演我們夢境中的行為——我們會被想象中的怪物嚇跑，赤身裸體地喊叫著，跑到街道上。這種暫時的癱瘓使我們的身體免於被自己傷害。並且，對小部分人來說，由我們的兩個杏仁體控制的邊緣葉開關和每天早晨將身體恢復活力的激素也可能會生鏽。我們醒來發現自己被困在一具溫暖的屍體中。這種鏽似乎會在青少年時期慢慢積累，可能是由焦慮或酒精引起的。或許它只是大腦懶惰的一種症狀，是對我們虛弱的身體的否定。

那天早上，我第一次發現自己癱瘓後，沒有去問為什麼。我就像陷阱裡的一隻狐狸：在我的小床上，在我的小小的身體裡，我拼命想掙脫金屬牙齒的束縛，直到最後，開關鬆開了，我被驅逐回世界。我的聲音先到達，我哭喊著、哽咽著，把走廊盡頭的母親吵醒了。她走出來，影子映在門口，困倦的臉上滿是憂慮和怨氣，雙臂在睡衣前交叉著。她眯起眼睛聽我解釋道：「就像我死了，或凍住了，或瘋了……」

「這真是奇怪。」當我停下來時，她說道。但是，也不能做什麼；她咬著嘴唇，從明亮的大廳回到自己黑暗的房間。我在床上坐了很久，每當快要睡著的時候，我就把頭往牆上撞。我等了好幾個小時才看到清晨的日光。

我可能在潛意識中已經預料到這次崩潰，或者至少對其不完全驚訝。肉體會背叛我們，這對一個十六歲的男孩來說不是什麼新鮮事。甚至，我的毛孔都是不雅的，我比其他男孩更早地長出腿毛以及囊腫性痤瘡。

我的四肢也有些問題：脛骨粗隆骨軟骨病使我腿部的骨骼、韌帶和肌肉的生長速度出現差異，我爬樓梯或下樓梯時，都會感到刺痛，感覺腿好像被剝了皮，然後塞進了一個小金屬套。這個疾病讓我體育課時只能坐在草地上，看著像鳥群一樣蹦蹦跳跳的孩子們。皮爾遜先生不相信醫生的診斷，認為我的病是個性問題。無論如何，我很高興能夠擺脫那些遊戲，我可以不用投球或接球了，我也不太理解那些男孩子喊出來的口號是什麼意思。我坐在雜草叢中，耐心地將樹枝折成小塊，抬頭看著那些男孩在田野上碰撞。我仍然被隔絕開來，自命不凡，又不甘心。還有孤獨。孤獨似乎是我的身體想要的。

過了十年，我學會不再用大叫來緩解每月一次的睡眠性麻痺；我終於學會安靜地逃離。同一時期，我遇見了肯尼。我們一起睡的第一周，他盤腿坐在床上說：「你就像一隻狗在咆哮。」事實上，咆哮已成為我的解藥。如果我咆哮，它會喚醒我的四肢；如果我設法在外部世界中製造一些響動，它會讓我恢復活力。我需要身體以外的信號，我自己以外的信號。狗的咆哮能起作用，或者，肯尼看到我處於緊握雙手的痛苦中時，可以幫我擺脫僵局。

幾分鐘後，恐慌的陷阱就消失了。但是，在那些時刻，我看到了我身體的局限以及我越來越孤獨的趨勢。我看到了我大腦的極限。大腦有八百六十億個神經元，多麼複雜，但它仍然無法與外部的任何東西融合。這本書或許證明了我多麼迷戀這個細胞聯盟的局限。

有一天晚上，我站在公寓裡，雙手放在牆上，講述我讀過的一篇文章。那篇文章中說，任何東西都沒有真正觸碰過其他東西；繞著原子旋轉的電子使物體之間有著微小的間隙。我推了一下牆壁，盯著油漆中的微小孔洞；有人在上次裝修期間工作得很倉促，你可以看到白色下面有一點金色。我說：「所以我現在也沒有觸碰到什麼，什麼都沒有觸碰到。」

肯尼笑著說：「你現在才意識到這一點嗎？」

後來，我在肯尼旁邊睡著了，他開始顫抖，非常劇烈，把我吵醒了。肯尼也得忍受睡眠性麻痺。我們每個人都學會了理解噩夢和疾病之間的區別。我搖醒了他。

肯尼用手肘撐起上半身，向前盯著昏暗的光線，然後看看我。他沒有說話，把頭埋進枕頭裡，翻了個身；他正在尋找一個可以讓他遠離陷阱的位置。我平靜下來，將手放在他的胸上，以確保他沒事。

這是我們在彼此身上不斷看到的創傷。它在我們的生活中形成了固定的模式，讓我們不斷絆倒，繼續前進，再絆倒。但它總是在那裡，搖晃著，咆哮著，它是在身邊徘徊的棺材。然後，便是回到現實世界後的劇烈痛苦和受到驚嚇後的大口呼吸。黑暗中，我們倆相依為命。

最後一個例子……

有一天，我的祖母告訴我母親：「我感覺不太好，似乎有哪裡不對勁。」在急診室，被問到哪裡不舒服時，她用像在施展咒語般的姿勢揮了揮手，指著大半個身體。

她希望在幾天內出院，可事與願違。她的腸子扭曲了，她的血氧含量非常低。她脊柱中的幾個關節已經損壞，將她的背部壓成一個人體大小的問號形狀。在手術後，她在醫院期間得了肺炎和腎功能衰竭——不管是哪種疾病，對老年人來說都是致命的。與此同時，她的肺部有很多積血，幾乎讓她窒息。

在醫院住了幾個月後，我的祖母變得迷茫、多疑。漸漸地，她的身體不再是她自己的了。她甚至無法吞咽，被護士插到身體裡的十三根管子中的一根維持著體內的水分。她躺在那裡，一動不動，全身腫脹，吃了很多藥。她迷失了心智。

「讓我離開這裡！」她向前來探望的每個家人咆哮道，「我需要你幫我逃出去！」她覺得醫生、護士、這個房間都企圖殺死她。「你為什麼不幫我？」她哭了，「把戴維帶到這裡來。帶蘇珊娜來。帶諾埃爾來。他們會帶我出去。」

與此同時，在房間的狹窄窗戶外，幾隻麻雀被困在一張鐵絲網後。或者說，她一直堅持這麼認為。它們也許只是在那裡築巢；我不知道。我祖母看到鳥就很煩。

「它們被困住了！去幫幫它們吧！」

一天凌晨三點鐘，我父母家的電話響了。「你們最好過來。可能時間到了。」家人們趕去了。有的人哭，有的人拿咖啡來給大家，然而，我的祖母仍留在她虛弱的身體裡。醫生開過幾次會議，他們不認為她能活下來。但是，他們錯了。

祖母住院四個月後，終於出院了。她現在需要有人輪流看護，要起床的時候，她按下鬧鈴就能把人叫過來。她每天早上顫抖著起身，離開褪色的床單。

我到家裡看望她，她擁抱我時很用力，抱了很久。我帶了錄音機，想要記錄她童年的故事。我告訴自己，有一天，我可以把這些故事放給我的孩子聽。但我不能看著她的眼睛求她答應；不管怎麼說，這代表著要放棄一些東西。當我們道別時，她仍然緊緊地擁抱了我。這讓我感到震驚。

在祖母的擁抱中以及在肯尼將我從癱瘓中喚醒（或者我搖醒他）的方式中，我看到身體的孤獨迫使我們伸出援手。畢竟，我們的身體是孤立的，它的邊界——以及我們終將死亡的事實——讓我們在短暫而令人困惑的機會中愛著彼此。

1 編注：此為馬克・吐溫小說《頑童歷險記》（*The Adventures of Huckleberry Finn*）中的角色。

2 Sigmund Freud, *Reflections on War and Death*, trans. A. A. Brill and Alfred B. Kuttner (New York: Moffat, Yard & Co., 1918), Bartleby.com, 2010, http://www.bartleby.com/282/2.html.

3 編注：愛爾蘭、法國作家，以劇作《等待果陀》（*Waiting for Godot*）享譽全球，一九六九年獲諾貝爾文學獎。

4 World Bank, "Life Expectancy at birth, total (years)," http://data.worldbank.org/indicator/SP.DYN.LE00.IN.

5 C. A. Wolkow et al., "Regulation of C. elegans Life-Span by Insulinlike Signaling in the Nervous System," Science 290, no. 5489 (2000): 147–50.

6 現存紀錄中最長壽的人是珍妮・卡爾門（Jeanne Louise Calment），活到一百二十二歲。

7 Yuval Noah Harari, *Sapiens* (Toronto: McClelland & Stewart, 2014), 271.

8 Aubrey de Grey, "A Roadmap to End Aging," TED video, July 2005, https://www.ted.com/talks/aubrey_de_grey_says_we_ can_avoid_aging?language=en#t-287106.

9 Zoë Corbyn, "Live for Ever," *Guardian*, Jan. 11, 2015, http:// www.theguardian.com/science/2015/jan/11/-sp-live-forever- extend-life-calico-google-longevity.

10 World Health Organization, "Dementia Cases Set to Triple by 2050 but Still Largely Ignored," April 11, 2012, http://www.who. int/mediacentre/news/releases/2012/dementia_20120411/en/.

11 編注：阿根廷作家、詩人，文壇公認的拉丁美洲文學大師。

12 Andrew Goldman, "Ray Kurzweil Says We're Going to Live Forever," *New York Times Magazine*, Jan. 25, 2013, http:// www.nytimes.com/2013/01/27/magazine/ray-kurzweil-says- were-going-to-live-forever.html?_r=0.

13 John Hendrickson, "Can This Man and His Massive Robot Network Save America?" *Esquire*, May 19, 2015, http://www. esquire.com/news-politics/interviews/a35078/transhumanist- presidential-candidate-zoltan/.

14 Adam Pez, *The Silicon Rapture* (Vancouver: Nonvella, 2015).

15 Stanislaw Ulam, "John von Neumann, 1903-1957," *Bulletin of the American Mathematical Society* 64, no. 3 (May 1958), 1–49.

12 樹林裡的小屋

「當我吃完這個鮪魚三明治時，我將孤獨一人——完全的孤獨——持續的時間會比以往任何時候都長。」這是一個令人吃驚的想法。但是，坐在這腐舊的甲板上，俯瞰海洋和走過的三十六年，我發現孤獨是真正存在的。在我的生命中，我從來沒有完全獨處過二十四小時以上。一直以來，我都與周圍的人有或多或少的交流。或者，如果被流感困在公寓裡，我就會蜷縮在羽絨被中寄信。我總歸是與外界有一些聯繫、一些安慰的。

從嬰兒期開始，我一直被照看、評判、擁抱、提及……

但現在不同了。我從溫哥華乘坐渡輪前往彭德島，彭德島離不列顛哥倫比亞省的海岸約兩小時車程。到了碼頭上，我又走了兩個小時來到我家的小屋。這是一棟舊的A字形的房屋，是我的祖父母在島上臨海的一塊地上建起來的（那時候，買一塊地不算難事）。我五歲的時候，院裡的一棵樹上垂下繩索，繫著一架鞦韆。幾級破碎的台階引著我穿過泥濘和濕滑的土地，來到鵝卵石海灘。過去，我和兄弟們常常在這裡用浮木製作木筏，用繩索將原木捆綁在一起。

推開小屋的門，雪松木板味、狗騷味和灰燼的味道撲面而來。我從背包拿出一些食物：夠吃一周的燕麥片、葡萄乾、鮪魚、辣椒罐頭。還有一袋蘋果，每天一個。我來這裡獨處一個星期。我計劃將我的孤獨放大兩倍甚至三倍，放大到自己和自己對話的程度。在我離開城市之前，朋友和家人對這個計劃聳了聳肩——一個星期？——最後，我問他們，他們最久的獨處時間是多久。

「沒有人，沒有電話，沒有網路？」

「對。就你自己。」

「能用 Facebook 嗎？」

「那也要用網路。」

「對。」

「是啊。」

「嗯……」

經過複雜的心算，大多數人達到了和我相同的時長：二十四小時。在某些時候，由於流感或嚴重的憂鬱症，他們一整天不聯繫別人。年輕的朋友們更難一些；大多數人記不起他們有過十二小時以上與世隔絕的經歷。（而且別忘了，他們那八小時的空閒時間是為了睡覺。）至於我自己，當我注意到二十四小時就是我最長的獨處時間時，我感到有些不滿。我的天真甚至懦弱就是源於嬌生慣養。我心裡有一種感覺：我需要停止思考，需要節制自己，來一場孤獨瘦身。然後，我想到了鋼琴家格倫．古爾德（Glenn Gould），他是一位古怪的天才，於一九六四年突然停止舉辦音樂會，回到了工作室。他告訴一位記者：「我總是有這樣的感覺：你每和其他人一起度過一個小時，都需要獨處X小時來消化。現在，X代表多少我真的不知道，它可能是二又八分之七，或是七又八分之二，不過，可以肯定的是，這是一個很大的分數。」[1]

一個分數！在人群中的每小時需要獨處幾個小時來消化。這是一個明智的主張。但我意識到，我從未親身測量過這個比例，也從來沒有想過讓我最舒服的孤獨和陪伴的比例是多少。我大部分時間一直在忍受強加給我的孤獨，從來沒有像素食主義者堅持不吃牛排那樣堅持獨處。所以，我決定從一個極端開始，測量我的古爾德獨處比率。

於是，我來了，來到這棟吱吱作響的林中小屋。從公路到我這裡有九十英畝的森林以及七天漫長的日子。

第一天晚上，我像孩子一樣被恐懼圍困。古老的冰箱發出零星的敲擊聲，像拿著斧頭的殺手在落雨的窗戶外頭嘲弄著他的獵物一樣。雪松樹幹吱吱作響，令人不寒而栗，彷彿在模仿黑暗中的腳步聲。如果一個人沒有習慣獨處，那麼夜晚真是不堪忍受。我們不願承認，試圖用路燈、音樂和電視機減弱它的存在感。我們用力過猛，所以，當它真正來臨時，我們就像被蒙在枕頭下面一樣快要窒息，恐慌得想要逃離。但我沒有選擇這麼做。我能逃到哪裡去？進入黑森林？相反地，我望向窗外，看著黃昏的天空逐漸暗下來，好像畫家用刷子一點兒一點兒為雪松的樹枝上色。我採用了羅伯特・弗洛斯特（Robert Frost）詩中的建議，開始「熟悉夜晚」。我坐在窗邊，穿著羊毛襪和法蘭絨睡衣，端著一杯熱水，把它放在嘴邊，告訴自己為什麼來到這裡：我來這裡，是為了認識夜晚。

外面沙沙作響，是什麼東西在搖動樹枝？然後，外面又安靜了下來，大自然並不在乎那棟小木屋裡怯懦的人。很明顯，夜晚不是特別想與我相識。

第二天的午餐時間，我吃完了鮪魚三明治，意識到我現在比以往任何時候都孤獨。有些變化是顯而易見的。例如，我的自我調節能力正在崩潰。我快要變成一個原始人——那種有什麼吃什麼，毫無飲食計劃的生物。為了加強秩序感，我強迫自己鋪床。這非常有效。然後，我立刻想要洗個澡，再去泡茶喝。日常生活的模式主動地回歸了。

但這並不代表著心理過程沒有發生轉變。二十四小時後，我毫不掩飾地與自己進行了對話。目前尚不清楚這是心智下降還是心智上升的跡象。與此同時，那種脆弱感一直揮之不去。在我看來，如果我從長滿海藻的岩石上跌落到沙灘上，摔斷了脖子，喝了有毒的水，或者只是得一次中風，那麼這周後我可能已經屍骨無存了。等人們發現我的時候（他甘於獨處，是多麼勇敢！），老鷹和海獺會吃掉我身上好吃的部位。

當我想起那些新鮮感時，堅持下去並不是難事。當我被沉默嚇壞或者——更多的時候——無聊得要死時，我覺得，獨處絕不是件容易的事，我一定會萌生想要放棄的念頭。

梭羅認為，我們最終都是藝術家，我們的身體和生活就是我們創作的素材。決定以何種方式度過我們的時間時，我們應該像雕刻家決定使用哪把鑿子一樣小心。這會帶來很大的壓力。這種無聊，這個在爐邊的恐怖夜晚，這安靜的時分——我期望能在這裡找到一些解藥來應對它們。到了第二天，我什麼也沒找到。但來自梭羅的其他思想讓我感動：

「一個聲音對他說，當你有更加優渥的條件時，為什麼要留在這裡過這種簡樸的生活？……他能想到的就是，過一種新的貧苦生活，讓他的心智簡化、回縮到他的本身，並救贖自己。」[2]

第二天結束時，尚未有一個神奇的聲音訪問我。我的思緒已經縮回我的身體，然後迷失了。我想念所有人。我想念我的床、我的電視、肯尼和親愛的 Google。我無望地盯著大海一個小時，它像一種充滿活力的液態金屬；我有種想每十分鐘就換一次頻道渴望。但海水依舊，毫無改變。這是一場酷刑。

到了第四天，在我的小屋裡，出於必要，我改變了態度。人不能整整一個星期盯著大海，等待頓悟的那一刻。所以，我環顧四周，眯起眼睛。在這個時候，我發現梭羅並不是唯一喜歡孤零零地住在小屋裡的人。泰德・卡欽斯基（Ted Kaczynski）那個炸彈客也在樹林裡獨自生活過。這種情況有一種正確的方法和錯誤的方法來解釋。

我在森林裡徒步旅行。這些年間，我曾帶其他人來過這裡，但我現在才開始注意到以前從來沒有注意到的事情。到處散落著大量的花崗岩、頁岩和砂岩——這些巨石上長著青苔，看起來像從天堂那裡發射的彈藥。它們原始而瑰麗，不像這種地方的東西。它們必定是兩萬年前的冰川融化時留下的。高大的樹木，而且只有高大樹木的樹樁最下面四公尺處有燒焦的黑色印記，一個世紀前，這裡必定發生過大規模的森林火災。時間越來越久遠，我在綠色和黑色交織的景色中感到頭暈目眩。

有一次，我在路上遇到一隻母鹿，我們盯著對方好奇地看了一會兒。它豎起警覺的耳朵，睜大如墨般的眼睛，在它無言的臉上形成兩個感嘆號。我揮揮手，覺得我們也許正在進行一次神祕的交流，但是，那隻母鹿向我伸出舌頭——真的伸了出來——然後跑了。看著它那棉花球一樣的身體消失在叢林，我站在那裡，就像大自然中最大的失敗者一樣。

作家兼飛行員安妮・林白（Anne Morrow Lindbergh）也常常去海邊小屋。她在《海洋的禮物》（*Gift from the Sea*）中寫到了這種觀點的轉變，這種回歸自我產生豐富經驗的奇怪感受。我們離開擁擠的生活後，都會從各種不習慣中獲得益處：

「即使在一起的時間很短，分離也不可避免地讓人痛苦。我覺得這就像截肢一樣。一隻手臂被截肢後，我將無法正常生活。然而，一旦這件事過去了，我就發現獨處是那麼珍貴。生命回到虛空的狀態，更豐富，更生動，更充實。好像在離別的時候確實失去了一隻手臂。然後，就像海星一樣，它會重新長出來；重新完整起來，甚至比以前更加完整。」[3]

雙臂會重新長出來，有時呈現不同的顏色。逐漸回歸社會將帶來同樣的破壞；我將拋棄生長出來的某些部分。

在這寂寞的一周即將結束時，我的思緒不再徜徉，而是回到數位文化下獨處的問題上。現在，在以餅乾和蘋果做午餐的前後，我走在沉思的路上，正在以不同的方式思考這件事。在這裡，思考需要更廣闊的視角。

從這個角度來看，所有的點擊、分享、按讚和轉發看起來像一堆鐵鐐銬。我們是創造內容的人，但除了那些快速消失的快樂，我們從未得到任何回報。有人說，獲得肯定和表達自我比流向平台所有者那些微不足道的現金更有價值。正如媒體評論家和電影製片人阿斯特拉・泰勒（Astra Taylor）所說，這是一種數位封建主義（digitalfeudalism）。她寫道：「像 Facebook 和 Tumblr 這樣的網站為內容生產者提供了工作，而平台所有者則肆無忌憚地掠奪價值。」[4]在這種情況下，我們都是骯髒的暴徒。與此同時，我們生活的平台系統從孤獨中得不到任何價值，因此，他們厭惡它。

我並不是說，馬克・祖克伯（Mark Zuckerberg）在 Facebook 上和蘇珊・沃西基（Susan Wojcicki）在 Youtube 上積極策劃抵抗孤獨的勢力。我的意思正好相反，在這個世界上，祖克伯和沃西基（無論他們多麼聰明，多麼有錢）已受到比自己更大的力量的驅使，這些力量只會讓所有人和所有事物產生聯繫。

迷因學者蘇珊・布萊克莫爾（Susan Blackmore）建議我們的技術透過控制生物進化的相同原則來發展和改變。基於變異、選擇和遺傳的基本原理，人類必然會進化。因此，根據進化論的法則，而不是某個 CEO 的「才智」，我們的技術才得以不斷發展，變得攻擊性更強。認知生物學家 W・菲茨（W. Tecumseh Fitch）用了一個恰當的隱喻來解釋：我們都已成為全球大腦中的神經元，合成一種單一的、同質的智力。「我們正面臨一個全新的社會組織體系，這個體系用將我們聯繫在一起的網路使世界運轉。」[5] 這種轉變類似於複雜生物體的進化過程：儘管三十億年前，我們的祖先只是自由漂浮的細胞，但後來還是出現了多細胞生物，再到後來，他們以群居方式生存。如果沒有加入三十七萬億個細胞組成的聯盟，那麼，汗腺細胞或皮質毛細胞現在就無法繁衍生息。[6] 同樣地，網路在全球各地以樹突狀的態勢發展，向四面八方萌生新芽，直至所有個體形成一個不能自我拆解的超級個體。[7]

H・G・威爾斯（H. G. Wells）在一九三八年創作《世界大腦》（*World Brain*）時預見到了這種對孤獨的巨大衝擊，這部作品不是科幻小說，而是社會批評著作。他認為，創造「廣泛的世界智慧」[8]會推翻統治我們的獨裁者。這個觀點有些烏托邦的色彩，甚至有些可怕——這種凝聚的龐大的意識永遠不需要其他事物來替代它的自給自足。

一步、兩步……在路上，我在泥濘中回望自己的腳印，這些宏大的觀點似乎很奇怪，就像一部有先見之明的科幻電影裡的場景。我想到這一點便覺有些不堪：如果我把手機帶到這條路上，就帶來了網路；其實，這裡已經有網路，正等著連通什麼事物呢。在這條泥濘路上的思考的不同之處在於，我現在可以看到這一切的古怪。在這，一切都不是不可避免的。我踢一腳腐爛的樹樁，在天空中尋找老鷹。

現在，我離公路越來越近了。當我往回走時，我試圖想象另一個增長較慢的網路——需要雙向連接的網路，使得任何線上連接都必須得到雙方的同意。也許它的規劃更好，會少些不確定因素。除了集市，它也允許教堂存在。但我突然意識到，它也會鼓勵階級鬥爭，那些「不受歡迎的人」會被忽視和孤立，會失去與他人的聯繫。在我的想象中，我看到了一個雙向連接的網路，富人和受過教育的人們享受著「更高級」的談話，讓窮人在第一批平台技術的數據庫中辛勤勞動。這個想法令人不寒而慄。

是不是沒有一種折衷的辦法，能在複雜的聯繫中保留一點寂靜的孤獨？是不是不存在一種解決林白關於海星問題的方法？每當我們進入和退出孤獨時，我們自己的某一部分一定會被剝奪嗎？有沒有另一種方式，讓每個人可以獨自觀察這個世界？

在最後一個晚上，我讀了芭芭拉・高蒂（Barbara Gowdy）的系列故事，然後將我的塑膠椅拖到腐爛的甲板上，以便抓住最後的光線。最終，這種捕捉陽光的行為將我帶離了甲板；我坐在了高高的枯草叢中。黃蜂在周圍嗡嗡作響，令我驚訝的是，我聽到一隻狗在另一座島上吠叫。我們之間相隔八百公尺長的海面。我的思緒就像斧頭擊打樹樁般，飛舞振動著。

當最後的陽光開始暗淡時，我意識到，我正坐在楊梅樹下，祖父的骨灰就散落在這裡。我沒見過他。不過有一張他在我剛出生時抱著我的照片，當時，我正想要咬他的鼻子。

在過去的這些日子裡，我已經習慣了和自己交談，所以，我與死去的祖父母交談時，感覺和社交時並無兩樣。夜幕降臨時，我將手伸進腋窩取暖，對他說生活中的一些事情。我重新變成一個孩子，一個非常小的孩子。在那個黃昏，我覺得孤獨確實有點像死亡。無論如何，孤獨和死亡都有同樣的招數——它們都知道如何不負責任。

最後一天醒來時，外面正在下雨。現在是十月中旬，在這裡的一周，我目睹了秋天的到來。每天都是例行公事：鋪床，泡燕麥片，煮咖啡，看海上日出。

早晨是每天回憶孤獨的最佳時機。在世界向我們的眼睛和耳朵注入太多干擾之前，早晨是保持初始心態的時間。我的大多數同伴現在都會在他們醒來的那一刻拿起手機——他們孤獨的清晨時刻只是一束短暫的虛空的光。但是，當我們延長那束短暫的光時，有趣的事便發生了。

很久以前，在早晨，我會沉溺於自己的遐想；相比之下，近年來，我一直渴望在網上瀏覽、記錄我在睡夢中錯過的一切。然而，樹林裡的那一周已經修復了我的那部分。微風吹拂的水面上的日出是不可錯過的。

梭羅說：「早晨帶回了英雄時代。」他在早餐時寫下了聽到的聲音：一隻蚊子的嗡嗡聲。對他來說，蚊子的嗡嗡聲是荷馬的安魂曲。「空中的伊利亞特和奧德賽歌頌著自己的憤怒和徘徊。」[9]梭羅之所以有這種感受，不是因為蚊子的嗡嗡聲比平常更響亮，而是因為他在早晨處於一種孤獨的狀態，在這種情況下，每個事物都變得罕見而珍貴。

當一個失明的孩子被外科醫生透過手術復明時，必須有人以怪異的方式向他說明什麼是光線、顏色、物體，以免他害怕。在黑暗的房間，繃帶被拆下；當這個孩子首次體驗到視覺帶來的感受時，心煩意亂和迷失方向的情況並不罕見。在獨處之後，回歸團體時也需要一些微調。

當我沿著陡峭的小徑在雨中跋涉時，我穿過雪松森林，經過閃閃發光的苔蘚和被劍蕨草覆蓋的岩石。然後我看到了電線桿，接著是鋪好的道路。我沿著馬路走了一會兒，看到一些農舍。有一個孩子正在練習彈鋼琴，「一閃一閃亮晶晶」的曲調從雨中傳來。一名男子開著卡車駛來，當他開近時，他從方向盤上抬起兩根手指打招呼。我笑了，然後擔心我以某種方式破壞了這次相遇。他能透過風擋玻璃看到我笑了嗎？我應該揮手嗎？

渡輪上很擁擠，太擁擠了。我在自助餐廳點了午餐，聽著工作人員和顧客的咆哮——說話聲，說話聲，還是說話聲。但是，幾分鐘後，當我在禮品店購買雜誌時，我開始與收銀台裡面的女人交談，聊得十分尷尬。我非常渴望談話，我生命中第一次認為「天氣」是真正有價值的話題。最後，她說：「對不起，還有其他顧客等著。」她指著我身後的隊伍。我捲著雜誌離開的時候，想起自己以前支走了多少前來和我閒聊的老人。

我在渡輪上找到一個安靜的角落。我盤腿坐下，看著周圍，喝著自動販賣機買來的咖啡。我想，我沒有死，彭德島上沒有腐爛的屍體。

當我們適應不斷變化的科技環境時，當我們回應生活的變化時，當我們吸收自己時代的修辭和詩學時，我們與孤獨的關係不斷變化著。

從這個充斥著科技的時刻開始，我們注意到，孤獨是我們可以培養或消耗的資源。請你想象一片森林：幾個世紀以來，我們可以在任何時候在茂密的冷杉林中行走，可以為了利益砍伐同一片森林，而不去關注大自然是否會被嚴重破壞。然後，我們超越了底限，現在渴望綠色的森林能回來。

今天，由於平台技術的存在，透過剝奪心理資源，我們也可以像攫取自然資源一樣獲得利潤。我們學會了利用別人的孤獨。投機商生產社交技術，分散注意力的商人聚集在我們周圍。孤獨被消耗殆盡，就像巴西的熱帶雨林被推倒一樣，就像艾伯塔省（Alberta）的瀝青砂被吸乾一樣。這就是，我們創造心中的復活節島的過程。

我最終回到家時，帶著留了一周的鬍鬚和被雨淋濕的衣服，肯尼看到我的時候很驚訝。「我不知道你確切回來的時間。」他一邊擁抱我，一邊對我說。我可以看到我不在的時候發生的一些變化。書架頂部有一盆新植物，肯尼看起了麥克・謝朋（Michael Chabon）的小說，我的桌子上有一堆郵件。

「我想你了。」我說。說出這句話的時候，我意識到，這是我多年來第一次想念一個人。一瞬間，我突然想，我會和這個男人結婚。這是最大的獎勵：努力發現自己，也代表著得到其他人。

「怎麼樣？」

然而，他單純的問題就像是一擊，因為我現在必須解釋一番。經過這麼長時間的自我克制，我的思想中形成了不受約束的意義，溝通的責任就像一個高深的謎題。我還沒有想出一種方式來描述我的孤獨，好讓別人能理解我。我把包包丟到地上。我有些無奈地向他微笑，試圖勾勒出只有我們自己知道的一方天地。

1 *32 Short Films About Glenn Gould*, dir. François Girard, Samuel Goldwyn, 1993 [motion picture].

2 Henry David Thoreau, Walden (1854; repr., New York: Knopf, 1992), 198.

3 Anne Morrow Lindbergh, *Gift from the Sea* (New York: Pantheon Books, 2005), 36.

4 Astra Taylor, *The People's Platform* (Toronto: Random House, 2014), 18.

5 John Brockman, ed., *Is The Internet Changing The Way You Think?* (New York: Harper Perennial, 2011),184–87.

6 Eva Bianconi et al., "An Estimation of the Number of Cells in the Human Body," *Annals of Human Biology* 40, no. 6 (2013), 463–71.

7 John Brockman, ed., *Is the Internet Changing The Way You Think?* (New York: Harper Perennial, 2011), 184–87.

8 H. G. Wells, *World Brain* (London: Methuen, 1938), xiv.

9 Thoreau, Walden, 79.

致謝

孤獨只是一口未被敲響的鐘，除非我們在它與陪伴之間維持平衡。在創作這本書的過程中，我深深地意識到，沒有眾多益友為我敲響這口鐘，一個作家的孤獨生活將變得毫無意義。若沒有安妮・麥克德米德（Anne McDermid）——我出色的經紀人——的鼓勵，我是無法完成這本書的。感謝加拿大雙日出版社（Doubleday）的瑪莎・凱亞・弗斯特納（Martha Kanya-Forstner）、美國聖馬丁的彼得・約瑟夫（Peter Joseph）和英國蘭燈書屋（Random House）的尼克・亨弗瑞（Nick Humphrey）的支持與督促。還要特別感謝倫敦國家大劇院（London's National Theatre）的哈利・斯科博（Harry Scoble），這本書的構想是他最先提出的。

此外，更要感謝各位專家的指導，包括馬特・阿奇迪（Matt Atchity）、尼古拉斯・卡爾（Nicholas Carr）、卡琳娜・克里斯托夫（Kalina Christoff）、麥特・狄克遜（Matt Dixon）、布蘭迪・費多魯克（Brandy Fedoruk）、馬庫斯・弗林德（Markus Frind）、艾倫・劉（Allen Lau）、艾米・洛本（Amy Lobben）、康斯丹特・繆斯（Constant

Mews）、凱斯・奧特利（Keith Oatley）、伊利亞斯・羅曼（Elias Roman）、克里斯蒂安・拉德（Christian Rudder）、娜塔莎・舒爾（Natasha Schüll）、約翰・希爾勒（John Searle）、鮑勃・史坦（Bob Stein）、傑夫・鄧波爾（Jeff Temple）、馬里烏斯・烏爾薩凱（Marius Ursache）、馬歇爾・範・阿爾斯泰內（Marshall Van Alstyne）、伊麗莎白・沃特曼（Elizabeth Waterman）和諾拉・楊（Nora Young），感謝你們幫助我在寫作過程中修正了許多錯誤。

還有一些作家在我的創作期間提供了很多建議，他們是黛博拉・坎貝爾（Deborah Campbell）、道格拉斯・柯普蘭（Douglas Coupland）、韋恩・格雷迪（Wayne Grady）和米利安・托斯。（Miriam Toews）。

感謝英屬哥倫比亞大學（University of British Columbia）、威爾弗雷德・勞里埃大學（Wilfred Laurier University）、多倫多大學（University of Toronto）與我交談過的學生，讓我瞭解了數位原生代（digital natives）的思維。和許多加拿大作家一樣，我要特別感謝加拿大國家藝術委員會（Canada Council for the Arts），它為我的前期研究提供了很多幫助。感謝朋友和家人的關心與包容。哈里斯一家和帕克一家給了我莫大的支持——尤其是我的父母瑪麗蓮・哈里斯（Marilyn Harris）和鮑勃・哈里斯（Bob Harris）。還有很多益友，包括大衛・安德森（David Anderson）、史考特・比盧茲（Scott Beluz）、艾德・伯格曼（Ed Bergman）、泰・布里奇（Tyee Bridge）、安妮・卡瑟曼（Anne Casselman）、崔佛・科克（Trevor Corkum）、安德里亞・吉爾（Andrea Gills）、凱莉・高德（Kerry Gold）、愛波・格林（April Green）、布列南・希金博坦（Brennan Higgenbotham）、尼古拉斯・亨弗瑞（Nicholas Humphries）、尚恩・凱拉吉（Sean Kheraj）、小島大（Dai Kojima）、麥可・馬克萊南（Michael MacLennan）、麥特・歐格雷迪（Matt O'Grady）、金・皮考克（Kim Peacock）、萊拉・珀西（Lara Percy）、瑞貝卡・菲爾普斯（Rebecca Philps）、蓋瑞・羅斯（Gary Ross）、麥可・史考特（Michael Scott）、保羅・席格斯（Paul Siggers）、派圖（Pat Tu）以及艾爾莎・懷里（Elsa Wylie）。

最後，感謝我摯愛的朋友肯尼・帕克（Kenny Park）。除了他，沒有人能一邊閱讀我的作品，一邊不厭其煩地指出其中的小問題，更沒有人能輕易地將我從獨處中拉回來。

國家圖書館出版品預行編目（CIP）資料

獨處七日：找回被剝奪的心靈資源，全新思考、理解自己、靠近他人 / 麥克．哈里斯 (Michael Harris) 著；朱明曄譯. -- 二版. -- 新北市：日出出版：大雁出版基地發行, 2024.07
272 面；14.8*20.9 公分
譯自：Solitude : in pursuit of a singular life in a crowded world
ISBN 978-626-7460-68-9(平裝)

1.CST: 孤獨感 2.CST: 生活指導

176.52 113008701

獨處七日(二版)

找回被剝奪的心靈資源，全新思考、理解自己、靠近他人

Solitude: In Pursuit of a Singular Life in a Crowded World
by Michael Harris

作　　者　麥克・哈里斯 Michael Harris
譯　　者　朱明曄
責任編輯　李明瑾
協力編輯　于念平
封面設計　Dinner Illustration
發 行 人　蘇拾平
總 編 輯　蘇拾平
副總編輯　王辰元
資深主編　夏于翔
主　　編　李明瑾
行　　銷　廖倚萱
業　　務　王綬晨、邱紹溢、劉文雅
出　　版　日出出版
發　　行　大雁出版基地
新北市新店區北新路三段207-3號5樓
電話：(02)8913-1005　傳真：(02)8913-1056
讀者服務信箱 E-mail:andbooks@andbooks.com.tw
劃撥帳號：19983379 戶名：大雁文化事業股份有限公司
二版一刷　2024年7月
定　　價　450元

I S B N　978-626-7460-68-9

Printed in Taiwan・All Rights Reserved